美しい国日本へ

―安倍総理の『美しい国へ』に対比して―

渡辺 通弘

悠光堂

はじめに

あれは今年の3月18日だった。近々出版予定の拙著『死の超越―永遠志向社会の構築』の草稿について、悠光堂の佐藤裕介社長と話し合っていたときに、私が3月4日に朝日新聞のオピニオン欄に投書した「文化庁の京都全面移転は芸術軽視」という意見に話題が飛んだ。そして日本で文化や芸術について理解する政治家が少ないこと、また安倍総理の『美しい国へ』が、美についても、美の根源である芸術や文化についてもほとんど触れていないことを私が指摘したことから、それでは美しい国とは何かを世に問うたらどうかということになり、執筆を決心したものである。本書は、あくまで美しい日本を作る提案をするために書かれたものであり、『美しい国へ』への批判が主たる目的ではない。それでも、政治のあり方、憲法や人権、家族などの問題は、美しい日本という観点から絶対に譲れない部分であり、かなり厳しい批判となっている。

これまで、美しいか否かという観点から政治を論じた本は私もあまり見たことはない。その意味で、読者に今まで気付かなかった政治と美との関連に関心を持ってもらえれば幸いである。

私は主著『永遠志向』を書くのに17年、その改定版『死の超越―永遠志向社会の構築』の草稿を書き上げるのに、準備期間も入れて15年かかっている。それに比べ、本書は出版の話が出てから即日執筆を始め、20日足らずで草稿を書き上げた。その分奥行きはないが、筆者の生地と本音がそのまま出ていることは間違いない。私が出版を急いだのは、最近安保法案の採択や憲法改正など、日本の美しさを損なう動きが顕著になっており、日本をより美しくする機会が失われるのではないかと憂慮されるからである。

なお本書の末尾に、参考として、本書でしばしば引用した『死の超越―永遠志向社会の構築』の要約を添付した。本書をさらに深く理解されたい方には、ぜひ一読をお勧めする。

平成28年4月

渡辺通弘

目次

第四章　美しい町並み

第五章　美しい心

第六章　美しい女性

第七章　美しい文化

第八章　美しい芸術

第九章　芸術への理解の欠如

第十章　美しい憲法

第十一章　美しい人権

第十二章　歪んだ経済

第十三章　経済が歪んだ理由

第十四章　美しい創造経済

第十五章　美しい家族

第十六章　美しい教育

第十七章　美しい高齢者

第一章　日本は美しくない？？？

『美しい国へ』を読んで

私は２０１３年（平成25年）に出版された安倍総理大臣の著書『美しい国へ』とその改定版である『新しい国へ―美しい国へ　完全版』を読み、驚愕した。驚愕したのは美しい国に「へ」を付けたことで、これまでの日本は美しくないことを意味するからである。それは本書の中で彼が戦後の日本を厳しく批判していることからも見てとれる。自分の国なり地域を美しいと誇る政治家は多いが、自分の国は美しくないという自虐的な宣告をした一国の首相は、日本はおろか世界でも私の知る限り皆無である。特に戦後の廃墟の中から日本を世界屈指の経済大国にまで建て直し、平和で秩序正しい世界中から称賛される国を築いてきたこれまでの世代の人々の、血のにじむような努力の成果をなぜ否定するのか。日本はこれまでも美しい国だったのであり、さらにより美しい国にしなければいけないのだ。

一方美しい国を政治目的に掲げることは、権力や富の獲得、国益という集団的エゴなどを追求しがちな政治に全く新しい理念を持ち込むことで、それが本当なら驚くべき英断であり、まさに政治の革命である。しかし残念なことに本の内容を見ると、戦後の民主主義への批判と、ナショナリズムと道徳教育の強調、平和憲法への批判と安全保障体制の強化などといった保守的な思想をなぞるだけで、文化についてはその95ページで、「自らが帰属する国が紡いできた歴史や伝統、また文化に誇りを持ちたいと思うのは、誰がなんといおうと、本来、ごく自然の感情なのである」と述べているにとどまっている。しかしもし本当に国の歴史と伝統そして文化に誇りを持つなら、日本民族が歴史上最も栄え、最も平和だった戦後70年の歴史と、我々世代が紡いできた文化と伝統をなぜ否定するのか。『美しい国へ』は、日本を美しくするために何をすべきかについては何も語らず、また美の根源である文化や芸術創造も無視しているのだ。要は「美しい」という言葉を人々の感覚に訴える修飾語として便宜上使っただけなのだ。私はこれほど表題と内容がかけ離れた本はいまだかつて見たことがない。これではまさに「看板に偽りあり」である。さすがに安倍総理も「美しい」という言葉を使ったことに気が引けたのか、改訂版では表題は『新しい国へ』に変わり、副題でごく小さく『美しい国へ 完全版』としたが、帯タイトルに書いた（「強い日本を」取り戻すために）が安倍総理の本心なのであろうし、それを堂々と本の表題にすべきだったのだ。

本書を書く理由

私はライフワークとして半生を費やして永遠志向の思想を思索し、1982年（昭和57年）に創世記社から『永遠志向』を出版し、その改定版を悠光堂から出版する予定である。その中で私は、人間を含めすべての生き物の存在目的は、生きることそのものにあるのに、人間だけはその発達した知能ゆえに死が必然であることを知ってしまい、ここから、生きるという究極的な目的が必ず挫折するという現実に苦悩している事実の解明を試みた。そして人の死後も生き残る芸術、創造、そしてその総合体である文化こそが、この矛盾の解決の道であると結論づけた。芸術や創造が体現する美とそれを後世につなぐ文化と歴史こそが、人類にとって最大の価値であると考えたのだ。安倍総理の『美しい国へ』は、私の美と文化に対するこの崇敬の念とは相容れない考え方を代表しているのだ。

いま日本が最も必要とし、それでいて最も対応が遅れているのは、人々が金儲けと消費だけにしか関心を持たず経済の奴隷となっている現状を脱し、人の心も環境も美しい文化の国を作ることである。もし安倍総理がこの民族にとっての最大の課題を無視するなら、誰かがその重要性を語る必要がある。

これが私が本書を書くことを決めた理由である。

第二章　美しい国とはどのような国か

美しいとは何か

一般的に言って「美しい」とは、人々が心地よいと感じ、幸せであるという思いを引き起こし、感激を生むもの、またはそうした行為を指す。たとえば風光明媚な景色、優れた芸術作品、健全な身体や優美な容姿、正義や名誉のために立ち上がる勇気ある行動、親子や男女の愛、他人をおもんばかる優しい心、愛らしい子ども、折り目正しい礼儀などがそれに該当する。この「美しい」に対比されるのが「醜い」である。それは戦争そして暴力や争い、ねたみ、嘘、むき出しの権力欲、不潔な物、貧困、疾病、破壊された環境、無礼な振る舞い、ふしだらな生活、金の亡者や成金的な贅沢などがそれに該当する。そして美しいことの多い国が「美しい国」であり、醜いことが多い国が「醜い国」である。美しい国を求めるなら、美しいことを増やさなければならないのだ。

ベンサムの最大幸福と最小不幸

国が美しいかどうかをどのように判定するのかについてのヒントが、19世紀初頭に活躍したイギリスの法学者ジェレミー・ベンサムの主著『道徳および立法の諸原理序説』に書かれている。彼は人生の最大目的は幸福と快楽であり、不幸や嫌なことを避けることにあるとし、それが数値的に計算できると考え、その数値を最大化することが善であり、また国家の責任であるとした。そして当然のことながら、人々を幸福にし、心地よくさせる社会は、美しいことが多い国であり、醜いことが少ない国である。美しい国という考えは、彼の思想と一致するのだ。ベンサムは19世紀の産業革命による社会の急速な進歩向上と科学的知識の増大に信頼を寄せ、その実現に大きな影響を与えた。彼のこの幸福の最大化と不幸の最小化という功利主義的な政治思想は、現代においてもほとんどの民主国家によって継承されており、福祉国家の理念の中核をなしている。

幸福度が数値化できるかどうかは別として、このベンサムの考え方を適用し、国民が幸福で心地よい生活を送っているか、そして不幸と嫌なことが多いか少ないかを検証すれば、その国が美しいかどうかは、明確に判定できるのだ。以下でこの論法を使って、日本が美しいかどうかを判定してみよう。

第三章　美しい自然と景観

美しかった日本の自然

人々が心地よさと幸福を感じるものの典型が、清らかな自然環境と風景の美しさである。緑豊かで水清く、美しい四季の花々に飾られ、気候も温暖な国は、そこに住む者にとって何物にも代えがたい幸せの根源である。これを酷寒や酷暑の地、そして荒れ地や砂漠と比べてみればよい。この点で日本が世界で最も恵まれた国の一つであることは、誰といえども異論がないだろう。この美しい母なる大地に抱かれて、我々の祖先は概して幸せな生涯を送ってきたのであり、日本は間違いなく美しい国だったのだ。

破壊される海岸線

しかし経済成長に伴い、この美しい景観が壊され、汚され、それとともに日本人の幸せ度は大幅に低下してしまった。かつては白砂青松の浜辺に清麗な波が打ち寄せた絵画のごとく美しかった日本の海岸線は、あるいは工業用地として埋め立てられ、あるいは道路や護岸工事で姿を変え、テトラポットで醜くなり、海水も多くの場所で透明度が低下し、今では美しい海岸を見るには遠くまで足を延ばして探さなければならなくなっている。ヨットを趣味とし、関東近辺や伊豆諸島へのクルーズを楽しんだ私は、この海岸線の無残な破壊を目の当たりにしてきた。今日では手つかずの自然が残る海岸は、全国の海岸線の10%足らずしか残っていないのだ。

国破れて山河在り

私は子どものころ、夏を鎌倉の別荘で過ごし、ごみ一つなく、海の家などの商業施設もない海岸の美しさを満喫して育った。終戦後も、春先は何回も幕張の海岸に行き、干潮時には海岸線から2キロ先まで広がる浅瀬で、大きなアサリやハマグリを採り放題に採って楽しんだ。今ではそうした浅瀬はほとんど埋め立てられ、金を払わなければ潮干狩りもできなくなってしまっている。また家が木挽町（今の銀座5丁目）にあった私は、叔父に連れられて埋め立て前の月島に行き、ちょい投げで白キスや海タナゴなどをいっぱい釣ったのを覚えている。当時は終戦後間もないときで、東京は私の家も含めほとんどが廃塵に帰していたが、国破れて山河在り、という言葉の通り日本の自然は美しさを保っていた。しかしそれから数年もしないうちに、月島の海岸は埋め立てられ、海は産業廃棄物や生活排水で汚染され、魚も姿を消してしまった。戦争でさえも壊すことのできなかった美しい日本の自然環境を、我々は経済成長の名のもとに破壊してしまったのだ。

自然の海岸線を取り戻そう

日本をさらに美しくするために我々がすべきことは、このような野蛮な自然の破壊を即刻止め、美しい海岸を取り戻すことである。しかしながら今の政治は、残ったわずかな海岸までも破壊しようとしている。たとえば東日本大震災の復興と称して、東北の太平洋側に400キロにもわたる長大なコンクリートの防潮提を築くことで、東北の海岸線を台なしにしようとしている。津波対策なら人工的に高台を作り家屋を移転すればよいことであり、あの美しい東北の景観を無様なコンクリートの塊で汚す必要などないはずである。また万葉集でも歌われた景勝の地として知られる鞆の浦でも、1983年（昭和58年）に、県道が狭く大型バスが通れないことを理由に海岸を埋め立て道路を拡張する案が、広島県と福山市から提示された。幸い住民たちの反対もあって計画は頓挫したが、高齢化などで住民の数が減り反対運動が弱体化したのを狙って、今度は海岸を埋め立てて橋を作る案が提示されている。今や日本では、美しさよりは利便性や経済性が重視される国になってしまったのだ。オランダは海岸線の景観を守るため、護岸にコンクリートを使うのを禁止し、お金をかけて外国から輸入した天然石だけを使っている。本当に日本を美しくしたいなら、最低限そのくらいの努力はすべきなのだ。

荒れた山野

破壊されているのは海岸線だけではない。日本はかつて、広葉樹林に覆われたいろどり豊かな森の国であった。しかし最近では、森林の多くは営利目的で植樹された杉林に変わり、風景は単調となり、山に住む動物たちは食料となる木の実を奪われ飢え、人々は花粉症に苦しんでいる。そして過疎化と高齢化によって山は手入れがされず荒れ果て、かつては誰もが楽しんだ山菜採りやキノコ狩りは、よほどの僻地に行かない限りできなくなってしまった。また人と野生の動物が共存していたエコシステムの手本ともいうべき美しい里山も荒れるに任されている。大地を緑の絨毯で飾ってくれる田畑ですら、2割近くが耕作放棄地となり、荒れるがままの無残な姿をさらしている。

豊かだった自然

私の家族は戦時中戦災を避け千葉県松戸の園芸学校（現在の千葉大学園芸学部）のそばに引っ越したが、当時はこの地域は手つかずの山野で、春にはイタドリやゼンマイ、つくし、ノビル、タラの芽など数々の山野菜が採れ、秋にはキノコや銀杏、山芋、くず、アケビ採りなどを楽しんだ。近所の田んぼではエビガニやタニシ、食用ガエルがうじゃうじゃ捕まり、小川やため池では、ドバミミズを付けた置き針を放り込んでおけば、雷魚やウナギが釣れた。当時は極端な食糧難の時代といわれたが、庭で採れたジャガイモ、サツマイモ、とうもろこしや野菜を食べ、蛋白源として鶏とウサギを飼い、四季それぞれに楽しませてくれる庭のイチジク、柿、栗、梨、桃などの果物を食べ、腹いっぱいとはいえないが飢えることもなく楽しい子ども時代を送れた。それは貧しくはあったが、豊かな自然に恵まれた幸せな生活だった。

日本の景観の美しさを回復するには、これまでのような自然の破壊を直ちにやめ、かつての美しかった自然を取り戻さねばならない。しかし政府も経済界も経済成長のことしか念頭になく、かけがえのない国土を何のためらいもなく壊していく。政府は農民や山で働く人々の自然の保護者、管理者という神聖な役割を無視して、彼らが高齢化の波に飲み込まれ衰退していくのを黙認している。国の政策は自然を破壊し、人々の幸福度を低下させ、美しさを奪っているのだ。

美しい国土を破壊する原発

日本の自然を考えるとき、やはり避けて通れないのが原子力発電所（原発）のことだ。原発は僻地に建てられるため、普通は人目につかず、その存在も忘れられがちであったが、福島原発の事故によって、我々は、人々に恵みを与え、心を癒すはずの美しい日本の大地に、世にも恐ろしい魔物を解き放してしまったことを思い知らされた。事故の後は福島第一原発から20キロ以内の地域は警戒区域とされ、それ以遠の地域でも放射能が高い地域は避難地域となり、10万人を超える人々が故郷を追われたのだ。しかもその魔物が創り出す原爆の材料ともなるプルトニウムや放射性廃棄物は、廃棄処分場も決まらないまま増える一方で、我らが郷土を放射能で汚していく。福島原発事故以来、しばらくは全国の原発の運転は中止され、原発ゼロが実現し、原発なしでも必要な電力は確保できることが証明されたのに、電力会社は懲りもせず強引に原発再開を図り、川内原発はすでに営業発電を再開している。二度あることは三度あるというが、アメリカのスリーマイル、ロシアのチェルノブイリの事故もあり、また原発事故が起きないという保証はないのだ。それは人々の間に不安をもたらし、美しかるべき日本を醜くしている。民族に対するこれ以上の大罪があるだろうか。原発廃止を決めたドイツの英断を見倣い、一刻も早くこの醜の極致である原発を我らが大地から取り除くべきであろう。

自然を取り戻す政策を

安倍首相が本当に美しい国を目指すなら、何はさておき自然の美しさの回復を図るべきだが、『美しい国へ』でもそのことは触れておらず、国の政策にも含まれていないのは残念である。地方公共団体も、環境美化の標語コンクールをやる程度で、具体的な郷土美化の事業はあまり見当たらない。政治家や行政は、日本中の植林された杉の木を伐り広葉樹林に変え、テトラポットやコンクリートの護岸は撤去し自然石に変え、美観を壊す工場などは強制的に移動させ、山村に住む人や農家に自然と景観の維持者としての役割を与え、景観に合わない建築を禁止し、100年計画で美しい日本の自然と景観を再建すべきである。そうでなければ「観光大国」とか「文化大国」といったスローガンは、絵に描いた餅に終わるだろう。そして人々は不幸せになり、日本は美しさを失うのだ。

第四章　美しい町並み

美しくない町

美しい家と町並みは、自然の景観以上に人々の心を打つものである。日本においても京都祇園の町屋、角館、倉敷など110の美しい町並みが国によって重要伝統的建造物群保存地区に指定されているが、このように保存された地域は欧米に比べれば極端に少ない。また京都の古く美しい町屋は、一定規模以上の木造建築を禁止する消防法によって再建することができず、その数は減り、代わりに醜い建物が乱立し、かつての古都の趣は失われつつある。これらの保存された古い町並みには風情があり、統一された美しさがある。それに対し東京を含め戦後に建てられた町並みは、新しくはあるが個性がなく、規格も形式も混ぜこぜの家屋が雑然と立て込んでおり、お世辞にも美しいとはいえない。私は世田谷の築45年の和風の家に住んでいるが、近所の家のほとんどは建て替えられ、今では拙宅が一番古い家になろうとしている。それでいて地区全体としては、以前のような親しみやすさが失われ、無機質の町になってしまった。これらの新築家屋に住む人々は、膨大な金をかけて、大量の廃棄物を出し環境に負担をかけ、機能的ではあるが文化の香りを全く欠いた住むためだけの家を建て、町並みを破壊しているのだ。

失われる故郷

日本では家は新しいのがよいとされ、30年も経っていないまだまだ住める家が壊されていく。家は故郷であって、本来は何世代にもわたって住み、それが人々に美しい思い出と地域への愛着を生むものであることを忘れてはいけない。それを壊せば人々は故郷を失い、家族の絆も、幼いときの思い出も失われてしまうのだ。こうして日本人は、過去との連続を絶たれ根無し草となり、都会の遊牧民となり、コミュニティの形成は阻害される。家は単なる住まいではなく、人々の心の拠りどころであることを忘れてはいけない。

自然の残る大都会

私は通算14年海外で生活したが、ニューヨークではまだ豊かな自然が残るロングアイランドの海岸で海水浴と釣りを楽しみ、手漕ぎボートでの釣りで、カレイ、クロダイ、ウナギ、そしてときには大きなヒラマサなどが食べきれないほど釣れた。ロサンゼルスでは、ヨットのほか、遊歩道が整備された海岸の散歩や、サンタバーバラの美しい海岸線、沖に長く伸びたいくつかの観光用栈橋での釣りなどを楽しんだが、サンタモニカの栈橋では夜釣りで伊勢海老が10匹も釣れるなど、日本では考えられない豊かな海だった。これらの地では、大都会であるにもかかわらずまだ美しい自然が残っているのだ。パリに住んでいたときは、週末に手つかずの自然が残るランブイエなどの広大な森を散策し、ワラビやラズベリー、栗を採るのが楽しみだった。それに比べ東京などの日本の大都会では、自然と出会うためには遠出をしなければならないのは、悲しいことである。

皆で美しい町並みを作ろう

多くの国民が多額のローンを組んで新しい家を建てているが、これだけ金をかけるなら、今後何世紀か過ぎたとき記念物になるくらいの美しい街並みがつくれるはずである。家は人を表すというが、無性格で無機質かつ国籍不明の家は、そこに住む人の心の貧しさと文化的な意識の低さを表すだけである。これは、都市計画を作成すべき行政と建築業者の責任である。政府は日本を観光大国にしようとしているが、今の東京や大阪の町並みをわざわざ見に来る物好きな観光客はいないだろう。魅力的で人々を引き付ける、日本の文化を色濃く出した美しい町並みを作ることでこそ、観光大国の未来が開けるのだ。そしてそれは、日本が文化の国であることを世界に誇示することにもなるのだ。それこそが国家百年の計である。

美しさを失った農村

町並みの破壊は農村地帯でも進んでいる。戦前から戦後にかけて民家を描き続けた画家の向井潤吉は、田園風景と調和した日本の民家の美しさを見事に描いている。しかし今日では、豊かになった農家は、民家に代え農村の風景との調和を全く欠いた都会風な家を新築し、景観を台無しにしてしまった。政府もまた、補助金を出して田んぼの畔や水路をコンクリートで固め、メダカなどの生き物も住めない環境にしてしまった。かつての美しい田園風景は今や向井潤吉の絵でしか見ることができないのだ。建築は環境と調和してこそ美しいのであり、農村地帯に建てられた都会風の家とコンクリートで固めた水路は不自然なばかりでなく、自然の美しさまで破壊してしまった。イギリスの農村地帯に行くと、今でも藁ぶきのこじんまりした農家があちこちに残り、それと調和した周囲の自然とのコントラストの美しさで見る人の心を慰めてくれる。しかし日本では、白川郷などごく一部にしかかつての美しい農村の面影は残っていない。政府は美しい農村を再建するため、農民の協力を求め、補助制度などでかつての美しかった田園の原風景の回復を図るべきである。それはまた観光と融合した農業の振興にもつながるだろう。そして日本人の心に、美しい郷土に対する愛着の念を植え付けるだろう。スイスの風景画には必ずと言っていいほどシャレ（山荘）が描き込まれ、絵の美しさを引き立てていることを考えてもらいたい。

麗しのパリ

私が5年間過ごした、美しさでは世界に比類がないと称されるパリの町並みは、主として19世紀中葉にセーヌ県知事のジョルジュ・オスマンの監督下に建てられたもので、その優美さで世界中の人々を引き付け、繊細な雰囲気から芸術家の創作意欲を掻き立てる。私がユネスコ職員としてパリに赴任しアパートを探したとき、不動産業者から「古い物件は今のところ手持ちにないですが」と前置きして案内されたのが、1905年に建てられた石造りの建物で、妻も私もその古風な雰囲気が気に入りその場で契約した。しかし古い物件がないという言葉が気になり尋ねたところ、彼は1900年以前に建てられた建物を古い（vieux）と呼び人気も家賃も高く、それ以後の建物を新しい（nouveau）と呼ぶのだと説明してくれた。そうした古く格式のある家で、時代の重みを感じさせるアンティークな家具調度品に囲まれた生活こそが、多くのフランス人が憧れる優雅な生活なのである。そしてそうした古いものを大切にする文化こそが美しいパリを作ったのだ。第二次大戦の末期にパリが連合軍に奪還されようとしていたとき、ヒトラーは町の全面的な破壊を命じたが、ドイツ軍のパリ防衛司令官は、このような美しい町を破壊するのは忍び難いとして命令を拒否し、この人類の宝が救われたのは有名な話である。同じ第二次世界大戦で、米軍は日本全土を爆撃し多くの町が破壊されたが、京都と奈良だけはライシャワーをはじめとするアメリカの識者たちの嘆願によって爆撃を逃れた。敵もが破壊するのを躊躇う美しい町、これこそが理想の美しい町なのである。

格式あるジョージタウン

新しもの好きのアメリカでも、古い町並みは大切にされている。私がワシントンＤＣのジョージタウン大学大学院に留学した時、大学近辺の部屋を探したが家賃が高すぎ、やむを得ずバージニア州アーリントンに住んでいた姉の家に下宿し、中古のフォルクスワーゲンを買って40分かけて通学した。後になって知ったことだが、ジョージタウンは１７５１年に整備されたワシントンＤＣで一番古い街区で、上院議員時代のケネディ大統領をはじめとする政治家や大学教授などのエリートが住む、家賃もプレステッジも最も高い街区だった。その建物の多くは古びたレンガ造りの二階建て長屋で、各戸の大きさは平均で130平米ほどで狭く、とても高級街には見えなかった。その後ジョージタウンに住む教授の家に招待され、狭くはあるが、洗練された内装や、猫の額ほどではあるがよく手入れされたロックガーデン風の裏庭など、住みやすそうで、それでいて時代の重みを感じさせる重厚な雰囲気があり、なぜこの地域が住宅街として評価が高く、ワシントンDCの住民だけでなくアメリカの誇りになっているのかを理解できた。また私は、ニューヨークのユネスコ国連連絡事務所に勤務した時、マンハッタンのセントラルパークウエストの1870年代に建築されたタウンハウスの一階を借りて住んだが、古い建物は趣があり、機能的にも全く支障がなかった。日本人が知るべきは、古い家屋がよいものであり、美しいことである。

緑多き大都会

公園や緑地の少ないことと街路樹の貧弱なことも日本の都会の問題の一つである。ニューヨークでは街路樹が多いことに加え、都会のど真ん中に広大なセントラルパークがあり、子どもを連れて遊ぶのが楽しみであった。パリもブーローニュやヴァンセーヌといった広大な緑地が隣接してあり、四季の美しさを堪能できた。またロサンゼルスではサンタモニカ山地や広大な州立公園でのトレッキングを楽しんだ。パリ切っての繁華街シャンゼリゼ通りは、１００年以上を経た巨木の街路樹がうっそうと茂り、その優雅さを引き立てている。翻って東京を見れば、街路樹は極めて少なく、その木も電線の邪魔になるとして毎年刈り込まれ無残な姿になっている。私の生まれ故郷の銀座はかつては柳の並木で有名だったが、いつの間にか柳は一本残らず切り倒され、風情も何もない無様な状態になっている。私の友人が、銀座はパリのシャンゼリゼとニューヨークの5番街に並ぶ町だと誇らしげに言っていたが、私に言わせれば街路樹もない銀座などは、他の緑豊かな町と並べることもおこがましい、醜い町になってしまったのだ。

美しい町を作ろう

今からでも遅くはない。皆で美しい日本の町並みを作っていこうではないか。東京都や特別区は直ちに統一のとれた、美しい町作りのための長期構想を立て、家を新築する人々にその構想に基づく家作りを求めるべきである。そうすれば特に公費を使うこともなく、１００年経てば東京は見違えるように美しい町になるだろう。そして他の自治体も、それぞれ特色ある都市構想を立てていけば、日本中が美しくなるだろう。パリ郊外の地域では、住民が委員会を作って町並みの美しさを保つ努力をしており、私の知人が建物の外壁を黒と白に塗ったとき、委員会からの注意で周りと調和した色に塗り替えさせられた。こうした住民の自発的な運動も、町を美しくする有効的な手段の一つだろう。国民も、建築業者も、建築家も、美しい住環境が人々を幸せにし、しかも日本の文化の蓄積になることに早く気付き、美しく後世まで民族の誇りとなる町並みの構築に協力すべきである。１００年、いや２００年使える家や町並みを作るのは、まだ使える家を壊し建て替えるより経済的でもあり、資源の無駄遣いも防げるのだ。利便性や安全性だけを追求する町造りは美の観点から見れば明らかに間違っているのだ。

第五章　美しい心

日本人の心は美しかった

心とは人の精神を指し、その人の知識、感情、意志の源を成している。それは人格を構成する最も重要な要素であり、その美醜でその人の価値が、そして民族の価値が決まる。

では日本人の心は美しいのだろうか。この答えを探すため私は、キリスト教の布教にきたフランシスコ・ザビエルや黒船を率いて来日したペリー提督など、20人ほどの外国人が書いた明治以前の日本人についての記述に目を通してみた。そして彼らの日本人の心の美しさに対する評価が、あまりにも高いことに驚愕した。１、２の例を除いて、彼らは日本人の礼儀正しさ、規律ある行動、やさしさ、教育度の高さ、清潔さ、美的感覚の鋭さ、工芸技術の精緻さ、知的好奇心の旺盛さ、親子の間の愛情の濃密さ、そして女性のしとやかさなどを、ほめすぎとしか言いようのないくらい称賛しているのだ。そして悪徳として批判しているのは、風呂での混浴や開放的な性風俗、そして刑罰の厳しさと商人のこすっからさぐらいである。

1853年（嘉永6年）に開国の交渉のため日本を訪れたアメリカのペリー提督は、交渉相手の幕府の役人たちが交渉の権限がないことを知らずに、その煮え切らない態度を不誠実だと非難する一方で、彼らをこう評価している。

「これらの日本の高官たちは、紳士らしい泰然とした物腰と高い教養を物語る容儀を崩さなかったが、努めて社交的に振る舞い、気さくに会話を交わした。彼等の知識や一般的な情報も、優雅で愛想のよいマナーに劣らず優れていた。……我が士官たちとの交歓の際に示した磨き抜かれた丁重さも、明らかにその場かぎりの見せかけではなかった。なぜならば、それは彼らの習性になっており、日常の交際でも同じ丁重な礼節を保っていたからである」（オフィス宮崎編訳『ペリー艦隊日本遠征記　上巻』万来社、２００９、pp.545-547）

１５４９年（天文18年）に布教のため来日したフランシスコ・ザビエルは、日本人についてこう語っている。

「私たちが交際することによって知り得た限りでは、この国の人びとは今までに発見された国民のなかで最高であり、日本人より優れている人びとは、異教徒のあいだでは見つけられないでしょう。彼らは親しみやすく、一般に善良で、悪意がありません。驚くほど名誉心の強い人びとで、他の何よりも名誉を重んじます。大部分の人は貧しいのですが、武士も、そうでない人びとも、貧しいことを不名誉とは思っていません」（河野純徳訳『聖フランシスコ・ザビエル書簡３巻』平凡社、１９９４、p.96）

ここから得た私の結論は、かつての日本人は最高に美しい心を持っていたということである。では今日でも我々日本人の心が同じように美しいのかどうかを、ザビエルの挙げた例と比較して判定してみよう。

親しみにくくなった日本人

まず現代の日本人はザビエルが言ったように親しみやすいだろうか。残念ながら、必ずしもそうとはいえない。都会では人と人とのつながりが薄くなり、隣人との付き合いさえないのが当たり前になっている。道に迷って困っていても、声をかけてくれる人は少なく、知らん顔をして通り過ぎる人が大半である。幼児への性犯罪の増加から、子どもたちは学校や両親から知らない人とは口をきくなと教え込まれ、こちらが親切から声をかけても不信の目を向けるだけである。かつては他人の子どもでも可愛いといって頭をなぜ、抱き上げたものだが、今そのようなことをすれば警察沙汰になりかねない。町を歩く人々も無表情でとげとげとした感じで、とっつきにくく、知り合いでもない限りとても言葉を交わす気になれない。何人もの欧米人の友人が私にこぼしたのは、彼らが英語で話しかけると、日本人はプイと横を向いて逃げてしまうということだ。私は、日本人は英語が不得手な人が多く、恥ずかしがり屋で、どう対処してよいかわからないから逃げるのだと説明した。江戸時代に異邦人に対して見せた親しみやすさや親切さは、今の日本では見られなくなってしまった。

日本人は、今では最も親しみにくい人になってしまったのだ。それは家庭教育が弱体化し子どもが人間関係を習得する機会を持てないこと、そして若者がゲームやスマホに依存して直接の人付き合いができなくなったこと、コミュニティが崩壊して利己主義が蔓延し、人を身内とその他の人に区別する排他的な社会になったためである。

言葉ができなくても心は通じる

これに比べ私が家族と世界各国を休暇で旅行したときなど、道行く人に何か聞くと、日本語も英語もフランス語も通じなくても、愛想よく一生懸命こちらを理解しようとしてくれ、そのうちに人の輪ができて、わいわい言っているうちに何とかコミュニケートできてしまったものだ。元来コミュニケーションの8割以上はボディランゲッジか顔の表情で成り立つものであり、言葉が通じなくても気持ちさえ通じれば何とかわかり合えるのであって、親しみを持って付き合えば、下手な英会話よりはるかに有効に意思を伝えられるのだ。「目は口ほどにものを言い」ということわざは本当なのである。江戸時代の一般の庶民の間に英語ができる人はいなかったにもかかわらず、その親しみやすさと開けっぴろげの親切さで、異邦人たちに好感を与えていたのだ。私は、自動車でギリシャを家族旅行したときに、田舎で道に迷い、道路の地名標示がギリシャ語で書いてあったため読めず立ち往生した。そのとき一人の老人が寄ってきて、私の言う地名を聞くと車に乗り込み身振り手振りで7キロも離れた主要道路まで案内してくれた。身なりは質素だが、白い口髭のハンサムな老人で、我々が日本人だと知ると、盛んに私の肩をたたいて親愛の情を示してくれた。そして子どもたちにどこかで拾ったと思われるメノウに似たきれいな石をくれた。こちらがお金を渡そうとすると手を振って断り、バイバイといって遠い道のりを帰っていった。このときのことは美しい思い出としていつまでも私の心に残り、私はそれ以来ギリシャ人びいきになった。そうした人々の屈託のない親しみやすさと親切さこそが、旅を楽しくし、人々がその国に好意を持つようになるのだ。

旅は相互理解のため

旅といえば私はプライベートな海外旅行を100回以上したが、ただ一度として旅行会社のお仕着せのツアーに参加したことがない。旅行の計画は自分で立て、手配も自分でし、同じ場所に少なくとも一週間はとどまり、レンタカーを借りて近隣を見て回るのだ。いわゆる名所旧跡や絶景の類は、主たる目的ではなく、未知への遭遇への期待と、地元の人々との触れ合いが最大の楽しみなのだ。そしてその地方の風土とそこに住む人々の生き様を肌で感じ取るのだ。アメリカのアリゾナ州を旅行しナバホ族の居留地に迷い込んだとき、彫りの深い立派な顔立ちをしたナバホの若い女性が、見事なニューイングランドなまりの英語で親切に対応してくれた。若者の多くは都会や近辺の農場に出稼ぎに出ていて、老人と女子どもばかりだったが、我々をアメリカ原住民だと思ったナバホの老人から何族かと聞かれ、日本族だと答えると大笑いとなり、まだよちよち歩きだった長女を女性たちが集まって交代に抱き上げて可愛がってくれた。最後に村を案内してくれた女性が、家族を交易所まで送ってくれというので承知したところ、おばあさんと5人の小さな子どもがぞろぞろ乗り込んで、車は満杯になった。そのときその女性が「みなもっと清潔な服装でなくて申し訳ありません」といったが、ナバホの誠実さと誇りに触れた思いで、今でもそのときのことを鮮明に覚えている。もちろん治安上の問題はあるが、若い人には、観光旅行などの遊びよりは、こうした体験旅行を通じて人々の心の美しさを見出し、相互の理解を図ってもらいたい。

善良な日本人

では現代の日本人はザビエルの言ったように一般的に善良なのだろうか。私の読んだ外国人による日本人の評価の中でも、傲慢で、頑固で、こすっからい日本人が出てくるが、それはごく例外で、ほとんどの場合日本人の正直さ、親切さ、そして善良さを褒めたたえている。今日でも確かに犯罪率でいえば日本は他の国に比べてかなり低い。

ＦＢＩがアメリカ人旅行者向けに作成した各国の安全度指標でも、日本は最も安全な国とされている。これは一般の日本人は今でも善良だということである。しかし善良な市民が多い中で、日本を代表する家電メーカーによる粉飾決算や大手建築会社による欠陥マンションの販売、振り込め詐欺の多発、政治家によるスキャンダル、善良な市民を守るはずの警察官による犯罪の頻発、傍若無人に振る舞う暴力団、そして麻薬使用の蔓延など、社会の道徳的な退廃が進んでいる証拠が至るところで見られる。この意味で、日本人の特質であった善良さは今脅かされているといえよう。この傾向を正すには、大多数の善良なる人々が、こうした日本民族の赤恥となる行為をする人々を、声を揃えて厳しく批判することしかない。

悪意のある日本人

ではザビエルが言ったように、日本人はおおらかで、悪意など持つことがないのだろうか。この点については多くの疑問がある。最近ヘイトスピーチの多発のように人種差別的な行動が目立つようになり、インターネットやスマホでは他人を中傷するメールが横行し、学校などでのいじめが多発し、週刊誌などのメディアも人を誹謗する記事を書き立てている。私も公務員時代に、嫉妬心から悪意のあるデマを流された経験がある。そのころ友人と話し合ったとき、「日本男性は処女のごとく傷つきやすく、年増のごとく嫉妬深い」と嘆いたのを覚えている。私の考えでは、こうした傾向は社会の閉鎖的なことと、経済成長政策とそれがもたらすストレスから日本人が心の余裕を失ってしまったことから起きているのだと思う。残念ながら現代日本は悪意に満ちた社会なのだ。これを解消するには、家族やコミュニテイを再構築し、労働条件を改善するなどして、人々にもっと心のゆとりを与える施策が必要なのだ。

貧乏なことを不名誉と思わない

しかし現代日本人の心の最大の問題点は、ザビエルの言った「貧しいことを不名誉だと思わない」日本人がいなくなってしまったことである。ペリー提督はこう述べている。

「下層の人々もほとんど例外なく、豊かで満ち足りており、酷使されているようにはみえなかった。貧困を示すものはあるが、乞食は見かけなかった。……最下層の階級でも身なりはこざっぱりしており、簡素な木綿の衣服を着ていた」(同上下巻、pp.15-16)。

これは第12章「歪んだ経済」で詳しく分析していることだが、日本は今や富の蓄積と消費の拡大に囚われ、人間の価値さえ富の多寡で決めてしまう社会になっている。かつて日本においては、金儲けを不道徳と考え、清貧を誇りとした道徳感があった。しかし今では清貧や節約は軽蔑の目で見られ、浪費と貪欲は美徳と考えられている。その結果、金さえ儲かればその結果として環境が破壊され、国の財政が傾き、次の世代に負の遺産を押し付けても気にもしない金の亡者が大手を振って歩く、醜い社会に成り下がってしまったのだ。それとともにザビエルの言った名誉心などは、日本では今や死語になっている。この現状を変えるには、後述の第14章「美しい創造経済」で述べるように、経済のあり方を根本から改め、富で人間の価値を計らない社会を作ることである。

礼儀作法を失った日本の男性

ではペリー提督が「紳士らしい泰然とした物腰と高い教養を物語る容儀を崩さなかった」と絶賛した日本の男性は、今でもその礼儀作法の美しさを保っているのだろうか。残念ながら答えはノーである。ペリーたちが称賛したのは、日本の侍たちの毅然とした態度であって、商人のへりくだった姿勢ではなかったのだ。今日日本は経済至上主義の国となり、多くの人はサラリーマンという商人になり、武士の持つ作法や衿持は忘れられてしまった。身分制度がなくなったことそれ自体はよいことだが、英国の上流階級や、アメリカのブルーブラッド（東部の名門）のように、人々が見習えるその国の文化の精華を体現し、けじめある礼儀作法を身に付けた人々がモデルとして必要なのである。今日本でその役割を果たしているのは、おそらく皇室だけである。

成金文化の醜さ

今日日本において人々の憧れの的となるのは金を持った人たちであり、文化の香り豊かな教養人などは見向きもされず、彼らの礼儀正しい行儀などは誰も真似ようとしない。金儲けだけにしか関心のない成金や、テレビでの下卑た演技で人を笑わそうとするお笑い芸人をモデルにしたしぐさが美しいはずもない。こうして日本中の男性がけじめある礼儀作法を習得する機会を失ってしまった。かつて外国人が称賛した侍は、子どものときから家庭で厳しいしつけをうけ、命よりも名誉を重んじる心構えを叩き込まれ、毅然とした態度を保っていた。そして終始変わらず姿勢を正し、堂々とした態度で人に接し、お辞儀をするときはただ一度だけ、腰を曲げて一礼した。それに対し今の日本人の多くは孤立するのを恐れて人目を気にし、背中を丸めてぺこぺこ頭を下げ、それでいて下の者には傲慢に振る舞い、照れ隠しににやにやしながら話をする。

体は心を表すというが、しぐさの美しさは、心の美しさを表しているのだ。企業なども、社員研修において、航空会社が客室乗務員を訓練しているように、社員にもしっかりした礼儀作法を身に付けさせるべきである。ペリー提督たちが今のこのような日本男性を見たらどう思うだろうか。こうした傾向は、家庭の教育機能が低下したことも一因であろう。

ＮＨＫへの苦言

礼儀作法といえば、私が気になることの一つが、最近になってＮＨＫの男性アナウンサーたちが、判で押したように両手を前で組む姿勢をとることである。手の置き方は難しいもので、私は著名な女性演劇監督が、「演技で一番難しいのが手の置き場で、何も持たずに手を自然に見せるのが名演技だ」と言っていたのを思い出す。ＮＨＫのアナウンサーも手のやり場に困って、このスタイルをとるようになったのだろうか。

しかしこれは日本の伝統的な所作に反している。中学生だったとき、母親に連れられて親戚の家にあいさつに行き、待っている間今のＮＨＫのスタイルで手を前で組んでいたところ、家に帰ってから普段は優しい母から、「なぜあのような丁稚（でっち—商家に年季奉公している若者）小僧のしぐさをするのですか」と厳しく叱られたことがある。しかもこのような丁稚スタイルが、NHKによって日本中に広がろうとしているのだ。それは女性の作法としては認められるかもしれないが、男性の所作としては卑屈であり、美しくもなく、欧米の作法から見てもほめられるものではない。明治以前に外国人が称賛した侍の作法は、座っているときは軽く肘を張った手を膝の上に乗せ、立っているときは両手を体の両側に軽くつけるか、少し肘を張って腰の下につけるかである。もちろんこの武張ばった作法は、商売をするときにはお客に失礼になるのかもしれない。しかし外国人と会ったときに相手の尊敬を買いたければ、この武士の作法をとるのが最も効果的であることは、私の海外における長年の経験からも確言できることである。

NHKが出たついでに言わせてもらえば、私は民放テレビのタレントの馬鹿騒ぎと、ふざけたコマーシャルを見るに堪えず、最近までもっぱらNHKを視聴していたが、この頃のNHKのニュースは踏み込みが全くなく、ジャーナリズムというよりは単なるお知らせ板になっており、また民放の向こうを張ってお笑い芸人を多用するなど番組の低俗化がみられ、有料の公共放送でありながら日本人の心の美しさにあまり貢献していないことは残念である。

気風―きっぷ

日本人の美学の中核には、気風《きっぷ》ということがある。文書などの物的証拠はないが、私の叔父によると銀座生まれで銀座育ちの私は、14代目の江戸っ子だそうだ。だそうだというのは、叔父の言葉以外にそれを立証する証拠がないからである。そして江戸っ子の特質は気風のよさで、腹には何もためずにぽんぽんと本音を言い、恨みは一切残さないことである。しかし地方から来たいわゆる東京人は、それを理解できず、歯に衣を着せない言い方に気分を害することが多いようである。私は、江戸っ子の親友とよく政治の話をするが、彼は筋金入りの国粋主義者で、安倍総理の熱烈な支持者でもあり、憲法改正論者で、意見が全く異なる私とは、いつも激論となる。そばで聞いていた人は、みな私たちが喧嘩をしているのだと思ったことだろう。そして最後は「お前は相変らず頑固だな」、「頑固はお互い様だ。だから俺たちは気が合うんだ」で収まる。しかし率直な意見を交わすうちに、ほとんどの問題について何らかの妥協点が見つかるものだ。

問題は江戸っ子のように本音を言う人が日本には少なすぎることだ。もっと多くの人々がこうした気風を持てば、もっと腹を割った意見の交換が行われ、異なった意見から可能な妥協点を見出すという本来の民主主義が定着するのだと思う。

いさぎよさ

その気風の一つがいさぎよさで、信念を通すことであり、また物事にきっぱり決まりをつけることである。私は後で述べる特定街区制度の適用による新国立劇場の建設や、日本芸術文化振興基金設立に伴う120億円の民間からの拠出金確保にあたって、反対や、失敗を危惧する声もあった中で、万一のときは自分が責任をとると心に決め、辞表を懐に仕事を進めた。また文化庁文化部長だったときに、さる事情があって自らの信念を通すため辞任を申し出たが、上司の川村文化庁長官の配慮で長官官房付けにしていただき、ユネスコ事務次長に立候補し、それが不調に終わったので、UCLA

の誘いを受けて客員教授として赴任した。

かつての日本人には、自分の行動に責任をとって、場合によっては死をも選ぶだけのいさぎよさと気概があったが、今日では、不祥事を起こした会社の幹部や政治家などが、辞職を避けるため言を左右にして言い逃れをする醜い姿をよく見かける。国の場合でいえば、ドイツはナチス時代の過ちをすべて認め、無条件に心から謝罪し、二度と同じ過ちを犯さないためドイツ国民にナチスの悪行を伝え、なぜ彼らが権力を掌握するに至ったのかを教育するためのナチス博物館を各所に作り、ナチスの礼賛を禁止する法的措置を含めたあらゆる手段をとることで、被害を受けた国々からも許された。それに対し日本は、太平洋戦争を引き起こし、自国、他国の人々に想像を絶する悲惨な経験を強いたのに、謝罪はしたもののいろいろと余分な言い訳をして、軍国主義の罪悪を総括もせず、依然として近隣諸国との間でいざこざを続けている。この複雑な世の中で何かを達成しようとすれば、その過程で過ちを犯す可能性があるのは当然であり、その場合はごたごた言い訳はせず、いさぎよく過ちを認め、真摯な態度でただただ謝罪し、二度と同じ過ちをしないための措置をとるのが正しい道であり、いさぎよさである。

失われた美しい心

結論から言えば、かつて日本人は美しい心を持っていたが、人々の幸せや文化を無視する政治と、利益だけを追求する経済によって日本人の精神は廃頽し、今では美しい心を失いつつあるということである。そうした精神的退廃は、ここ数年特に強まっている。この事態を打破し、かつての美しい心を取り戻すために必要なのは、金に振り回される今の生き方を変えることである。また家庭の教育機能を再構築し、家庭におけるしつけを復活することである。

第六章　美しい女性

美しかった日本の女性

少なくとも男にとって、この世で最も美しいのは愛らしく、たおやかな女性である。そして美しい女性は、国と民族の誇りでもある。明治以前に日本を訪れた多くの外国人が称賛していたことの一つに、日本女性の美しさと誇り高さがある。たとえば、1857年（安政4年）から59年（安政6年）に、幕府の作った長崎海軍伝習所の教官として来日したカッテンディーケはその手記で、日本女性を次のように描写している。

「日本では婦人は、他の東洋諸国と違って、一般に丁寧に扱われ、女性の当然受くべき名誉を与えられている。もっとも社会的には夫人はヨーロッパの夫人のように、余り出しゃばらない。……私は日本美人の礼賛者というわけではないが、彼らの涼しい目、きれいな歯、粗いが房房とした黒髪を綺麗に結った姿のあでやかさを、誰が否定できようか。」（水田信利訳『長崎海軍伝習所の日々』、平凡社１９６４、p.47）

ペリー提督もまた日本女性について極めて好意的な見方をしている。

「既婚女性が、常に忌まわしいお歯黒をしていることを除けば、日本女性の容姿は悪くない。若い娘は恰好が良くて美しく、立ち居ふるまいも活発で自主的である。これは、女性が比較的高い尊敬を払われていることから生じる品位の自覚から来ている。（同上下巻、pp.258-259）

江戸から明治に変わるころ日本に滞在したアメリカの牧師グリフィスも次のように

日本女性を礼讃している。

「日本で最も美しい見物は美しい日本娘である。」（山下英一訳、『明治日本体験記』、平凡社、１９９４、p.45）

「欧米諸国の女性と比べ、標準的に見て、日本の女性は美しいものへのあの優雅な趣味では全く同等の資格があり、服装や個人の装寝具においてもよく似合っている。また礼儀作法が女性らしく上品であることでもひけをとらない。美、秩序、整頓、家の飾りや管理、服装や礼儀の楽しみを生まれながらにして愛することでは、一般に日本女性にまさる女性はいない。」（同上、p.274）

お国柄を写す女性の美しさ

世界には多様な文化があり、したがって女性の美しさも国によってその基準がかなり違ってくる。たとえばフランスは、必ずしもスペインやイタリアのようないわゆる美人国ではない。しかしシックで独特のエスプリ（才気）を持ったフランス女性、特にパリジェンヌは、彼女らの美しいフランス語もあって、すこぶる魅力的である。私がタイのチェンマイを訪れたとき、町行く若い女性の地を摺って歩く能の所作にも似た優雅な姿に見とれたものである。またアメリカ留学中にロシア系の同級生を通じて知り合った何人かのロシア女性たちの、物柔らかで、いかにもスラブ人らしいしとやかさに心を奪われた。アメリカ生まれなのに、民族の伝統的な振る舞いがきちんと身に付いているのだ。そして外国人たちが絶賛した日本女性の美しさ、しとやかさ、いきいきとした優美さ、そして女らしく上品な礼儀作法は、日本の文化が生み出していたのだ。

洋風化した日本女性

最近では、日本女性も背が高くなり、欧米人に負けないスタイルの人も増えている。しかし今日では、若者の間で人気があるのはアメリカナイズされた女性のようで、髪も赤く染め、顔立ちも洋風になっている。彼女らのしぐさは完全に欧米化され、かつての日本女性の身のこなしとは全く異なっている。外国にいると特にこのことが気になる。外国でもきれいな日本女性に会うこともあるが、見目麗しくスタイルのよい女性なら欧米には少なからずおり、洋風化された日本女性はその中に紛れ込んでしまい、全く目立たないただの平凡な女の子になってしまうのだ。

女性の美しさは、上記の外国人の日本女性についての描写にもあるように、その個性から生まれるのであり、その個性を作るのがそれぞれの文化である。私の姉はアメリカ人と結婚したし、他にも日本人女性を妻とする欧米人を多く知っているが、大抵の場合、彼らは古典的な日本女性を好むようである。男はそうした他の女性の持っていないものを持つ女性に引かれるのだ。カッテンディーケ、グリフィスそしてペリー提督が日本女性に魅力を感じたのは、彼女らが欧米人の女性とは異なった美しさを持っていたからである。

厚化粧する日本女性

ペリー提督たちがほめたのは、日本女性の見かけの美しさだけでなく、いきいきとして、礼儀正しく、品格があって、誇りを持っていることである。最近は、さながら中年女性のように厚化粧をしている若い女性が見かけられるが、誰を見ても同じ顔に見える。私がときどき道で会う近所の娘さんは、高校を出たての清楚な愛らしい女性だったが、しばらくして会ったとき一瞬誰だかわからないほどの厚化粧で、長いつけまつげとアイシャドウを引き、口紅を塗り、かつての清楚な美しさの片燐も残っていなかった。化粧は年齢からくる衰えを隠すためにするものであって、若い女性が厚化粧するのは、本来持つ若々しい美しさを隠してしまうだけである。欧米でも20代前半の女性の多くはスッピンか、せいぜい口紅を薄く付けたぐらいである。インターネットでの「『世界番付』日本は何位？いろいろランキング（雑学・豆知識）」によれば「スッピンを恥ずかしいと考える人」の割合は、40ヶ国中日本が第一位で57・3％で、2位のペルーの52・0％を上回っている。しかし日本女性の美しさを称賛した外国人たちは、いきいきとしたスッピンの女性をほめたのであり、お白粉を付けた女性の評判は極めて悪かったのだ。日本の娘さんたちよ、どうかそのいきいきとした美しさを厚化粧で隠さないでもらいたい。そして化粧品会社は、ただ化粧品を売りつけるのではなく、本来の若い日本女性の美しさを引き出す工夫をしてもらいたい。

礼儀正しさ

では同じように絶賛された日本女性の礼儀正しさについてはどうだろう。日本女性のしぐさが完全に洋化されたことは前にも触れたが、残念なことに多くの場合、それは欧米のしつけのできた女性の真似ではなく、教養のない蓮っ葉な娘っ子のものである。今の若い女性は、正しい礼の仕方も知らないし、品のある話し方をする人も少なくなってしまった。昨今女性が電車の中で人目もかまわず化粧をしているのをよく見かけるが、化粧とはその字の通り化けるためにするのであって、それを人前でするのは、不躾なことおびただしい。また夜、渋谷などの繁華街に出ると、若い女性が酒に酔ってふらついているのをときどき見かけるが、これは見苦しいものである。そして私が一番嫌なのは、電車で眠りこける若い女性の姿である。もちろん男性でも同じだが、本来慎み深さがその美しさの根源である女性の場合は、興ざめなことおびただしい。かつては日本の女性は、他人はもちろん夫にも寝顔を見せないのが作法であった。私と仕事で一緒にロンドンに出張した女性が地下鉄で居眠りをしたとき、前に立っていた英国婦人から「どこか具合が悪いのですか」と心配そうに聞かれてしまった。欧米でも人前での居眠りは無作法とされており、電車で居眠りしている若い女性を見ることはほとんどない。私は電車でスマホをする人は好きではないが、少なくとも居眠りする人よりはましである。結論から言えば、残念ながら今の日本人女性の中には、かつて欧米人が称賛したあの礼儀作法を失った人が多いのだ。それは誇りも失ったことでもあり、ペリーたちが生きていたらさぞかし嘆いたことだろう。日本の女性たちよ、外国人をして驚嘆させた礼儀作法を身に着け、また誇り高く、美しくなろうではないか。このことは女性に限ったことではないが、礼儀作法とは家庭の中で親が子に教え、社会の中で大人が若者に無言のうちに例を示して教えるもので、そうした積み重ねからしつけを身に付けた美しい人が育つのだ。

しぐさの美しさに惚れる

ここで私事を持ち出すのは誠に申し訳ないがあえて言うと、私が御茶ノ水にある外務省外務研修所で外交官としての訓練を受けていたとき、クリスマスパーティーにすぐそばにあるお茶の水女子大学のＥＳＳ（英語研究会）に招待状を送り、研修生13人に対して倍近い学生が参加してくれた。その中にいたのが私の妻で、愛らしかったが、どちらかといえば地味で目立たない感じだった。研修生仲間は、さっそく彼女に、当時はやっていたボーカル・デュエットのザ・ピーナッツに似ていることから、「ピーナッツ」と綽名を付けた。その数日後偶然研修所近くの路上で彼女と会い、声をかけたとき、彼女は一礼し、微笑んで、「この間はご招待いただきありがとうございました」といった。ただそれだけのことでその日は別れたが、振りかえったときの彼女の舞うような身のこなしの優雅さ、びしりと決めた礼の作法、それに気品に満ちた言葉使いと声の美しさは、強烈に私の記憶に残った。私がそこで見、一瞬にして心を奪われたのは、あの外国人たちが口を揃えて称賛した日本女性の優美さ、誇りと気品に満ちたしぐさ、そしてしつけのよさだったのだ。

文化が女性を美しくする

のろけのついでに今一つ言わせてもらうが、ニューヨークの国連本部で、国連創設記念日の大舞踏会が開かれ、私も、家内と二人の娘を連れて参加した。まだ幼かった娘たちは、国連職員の女性たちが別室で預かってくれたが、パーティーは盛り上がり、ワルツ、タンゴ、フォックストロットなどで皆踊りまくった。そしてルンバの強烈なリズムが始まり、和服を着た家内は私と着物の裾を翻して踊った。踊りが終わると何人かの人々が「素晴らしかったですよ」と言って握手を求めてきたが、ドイツの国連大使が真剣な面持ちで、「What a beautiful people you are」（あなた方はなんと美しい人たちなのか）と言ってくれた。a people という言葉の意味合いから、これは私たち二人をほめたのではなく、日本人をほめたのだと感じた。もし家内が洋服で踊っていたら、おそらく誰もほめなかっただろう。ここに美しさの基礎としての文化があるのだ。

どうかこれをのろけとはとらず、日本の女性に再び美しくなってもらいたいという私の切なる願いであることを理解してもらいたい。そして礼儀作法と優雅なしぐさが女性を美しくすることを忘れないでもらいたい。

日本女性を美しくする方法

女性が美しくなるには、家庭における両親によるしつけが欠かせない。その際武家の女性の作法を見習うのも効果的であろう。皆が商人化した日本において、男性が武家の所作を真似るのは難しいかもしれないが、女性の場合は全く問題がないだろう。江戸時代においては、多くの富裕な町家の娘が行儀見習いとして武家に奉公していたのだ。若い女性たちも少なくとも時代劇などを見て、武家の子女のしぐさの美しさはわかっているはずだ。それに加え女性の美しさを磨くのに効果があるのは、スポーツや芸術文化に親しむことである。スポーツなどが身のこなしの美しさを作り出すことは、トップクラスのアスリートを観察すればよくわかる。たとえばヨーロッパの女性の立ち居振る舞いは、バレエやワルツなどの舞踊から影響を受けているといわれるし、スペイン人独特の半身になる格好のよいポーズは、スペイン舞踊からきているといわれる。日本でもかつては多くの女性が日本舞踊を習っていたが、そうしたことが彼女らの身のこなしの優雅さを引き出していたのかもしれない。華道や茶道もまた、日本女性の美を引き立てるだろう。また美しい絵画を鑑賞し、心を震わす音楽を聴き、優れた文学を読むことは、美的感覚を育て、日本女性の内からの美しさを増すだろう。心の美しさは見かけの美しさに深みを与え、さらに美しくするのだ。そして外国人の安易な真似をやめて、自分たちの本来の美しさを信じることである。貴女たちがさらに美しくなったとき、日本もさらに美しくなるのだ。

女性美学の勧め

日本女性の美しさについていろいろ述べてきたが、残念なことに私ができたのは、過去の日本女性の美しさを引き合いに出すことだけだった。しかし時代は変わり、そして人々の生き方も変化する。そうした中で今さら武家の作法や日本舞踊、華道、茶道、小笠原流を持ち出しても、若い人々の共感を得るのは難しいだろう。そこで私が日本女性をさらに美しくするための決め手として提案するのは、科学者、芸術家を含む女性の美について関心を持つ人々を結集し、大学でも女性美についての講座を設け、日本女性美学会でも作って、どうすれば時代に即した日本女性の美しさを育てるかを研究し、討議することである。そして時代に即した日本独自の女性美を作り上げ、世界に稀なる美しい日本女性をさらに美しくするのだ。それは日本を美しくするだけでなく、世界を美しくし、幸せにするだろう。

第七章　美しい文化

芸術文化とは何か

この世で最も美しいものといえば、それは文化であり、その核となる芸術と創造である。

文化が何を意味するかについては、論者の数だけ異論があって説明が難しいが、私は文化とは過去の創造の蓄積であって世代を超えて守り継がれたもので、伝統と同義語だと考える。それに対して芸術は、その文化に挑戦して、新たな美を創り出す行為とその産物を指す。そのため芸術は、大多数を占める文化の尊奉者によって文化を冒涜するものとして非難されがちである。しかし実際は、文化は新たな芸術の挑戦がなければ陳腐化し、必然的に衰退する。一方芸術も、その目的は過去の創造の集積である文化の一部になることであって、文化と芸術は切り離すことのできない同根同体の現象なのだ。

創造とは何か

では創造とは何だろうか。創造という言葉は本来神が無からこの世のものすべてを創り出したことを意味したもので、それが現在では、これまで存在しなかった新たなものを創り出す行為を指す。芸術は美的な分野での創造であるが、その他にも科学的発見や哲学の理念から始まり、新しい技術、新しい事業、新しい法律などもすべて創造の産物である。そして芸術もその他の創造も、後の世代によって受け入れられれば文化に昇華する。この創造こそが、人類文明を今日の高みに引き上げた原動力である。

世代を超える文化

芸術、創造、文化が美しいのは、それが人々に心の憩いを提供し幸せにするだけでなく、人の生涯を超えて永続するからである。そしてそれとともにそれを創りだした人にもまた永遠の命が与えられる。ハムレットが上演されればシェークスピアは再生し、第九が演奏されればベートーベンは生き返り、『戦争と平和』が読まれればトルストイは再生して読者の魂を揺さぶる。ニュートン、ダーウィン、マダム・キューリー、アインシュタインといった科学者も、人類の記憶に永遠に残るだろう。プラトン、ロック、バートランド・ラッセル、ケインズといった思想家たちも、彼らの影響で実現した社会や経済制度そして思想を通じて人類社会を形作ってきた。彼らは死を超越したのだ。

文化を持たねば人間ではない

私は、本書の末尾に要約を添えた『死の超越—永遠志向社会の構築』の中で、死の必然を知った人間が、その宿命を乗り越え、自分の死後に自らの足跡を残すため芸術と文化を生み出したことを指摘した。文化が形成されるまで、我々の祖先も他の動物と同じく、生き、食らい、子どもを作り、安逸な時を楽しむことしか考えなかった。

そして知恵の発達とともにいつか自らが必ず死ぬことを悟り、そこから死後にも残る文化を意識的に創り始めたのである。こうして実用性の全くない絵画や彫刻、装飾などが次第に重要視され、それまで生理的な必要を満たすための手段に過ぎなかった技術や習慣なども、世代を超えて引き継がれる文化に変わったのである。言い換えれば文化を持たない者は人間ではなく、文化を軽視する人は自らの人間性を否定しているのだ。

文化は民族の源

文化が大切な今一つの理由は、それが国、民族、地域の独自性の根源だからである。文化の裏付けがあるからこそ日本は日本なのであって、仮に日本文化が失われ他の文化に取って代わられれば、それはもはや日本でなくなってしまうのだ。日本文化は日本の顔であり、また魂なのである。文化を尊重し、大切にしない人は人類を醜くする人である。かつて植民地化された多くの途上国では、宗主国によって現地の文化は野蛮で未開だとして排除され、代わりに文明化の名のもとに宗主国の宗教や言語を含む文化が押し付けられた。これが文化的植民地政策であり、かつて日本もとったことのある政策である。こうして自らの文化を失った人々は、宗主国の文化を取り入れるしかなくなり、その忠実な分身となってしまう。一方民族の独自の文化さえ保持していれば、たとえ国は滅びてもまた不死鳥のごとく再生することは、幾度か独立を失ったポーランドやチェコ、スロバキア、バルト海3国などの例が示している。そしてこの文化を創り出すのが芸術を含む創造である。

文化国家の誇りと伝統

日本は独自の感性と美意識を持つ、世界でも屈指の文化国家であった。千数百年続く皇室は、統治組織であると同時に、日本文化を生み、守り、育てる機関でもあった。そこからは世界最古の小説といわれる源氏物語や枕草子のような優れた文学が生まれ、万葉集のような人類の宝ともいうべき他に類を見ない歌集が編纂され、そして殿上人はすべて文化的教養が求められ、権力と美しさが両立する稀有な国になったのである。この文化至上主義は皇室をしのぐ権力を握った武士階級にも引き継がれ、文武両道の標語の下に、金閣寺、銀閣寺に代表される美しい建築や、能楽、茶道や華道などの芸能が生まれ、世界から称賛された折り目正しい礼儀作法を生んだ。また町民たちも、猿楽から歌舞伎に至る芸能を育て、江戸八百八町にお師匠さんがいない町はないといわれたほど芸事がはやり、欧米の芸術に大きな影響を与えた浮世絵のような庶民の芸術を生んだ。日本は間違いもなく世界一流の芸術の国であり、文化国家だったのだ。だからこそ日本は欧米諸国の圧力や文明開化と称する欧米化の大波を乗り越えて、その文化的独自性を保持してこられたのである。文化なくして今の日本はないのだ。

欧化政策と伝統の放棄

文明開化とは、明治維新で幕府を倒し中央集権国家を作り上げた明治政府が、日本を西欧に倣った国にするために導入した政策である。当時日本は西欧諸国によって非文明国に分類され、文明国である西欧諸国と対等の条約を結ぶことができず、不平等な条約を押し付けられていた。それによって日本は、自主的に関税を課することもできず、外国人が犯罪を犯しても、日本の司法ではなく、その人の国の領事が裁判を行うといった屈辱的な立場に置かれていた。明治政府はこの状況を打開するために日本を西欧化し、文明国であることを認めさせようと考えたのだ。これがいわゆる文明開化であり欧化政策である。そして制度や法律だけでなく、人々の生活や文化まで西洋化しようとした。ちょんまげや帯刀を禁止し、洋服の着用を奨励し、牛肉やチーズを食べさせ、牛乳を飲ませるなど一般庶民の食生活まで変えようとした。一方上流階級は、西洋風の迎賓館である鹿鳴館で夜ごとに舞踏会を開き、洋楽に合わせて踊りまくり、日本が西欧諸国と同じになったことを誇示しようとした。そうした政府の方針が、西洋のものは何でもよいものだという考えを国民に持たせ、近代化はいつの間にか西欧化と同義語になったのである。そうした中で日本の芸術家や文化人は、何とかして独自の芸術文化と西欧文化との融合を図ろうと悪戦苦闘したものの、往時の高い文化水準を回復するには至らなかった。一方政府も、殖産興業、富国強兵を唱え、文化国家という日本の伝統を放棄してしまった。

日欧合作の君が代

それでも日本の伝統文化は、芸術家、知識人そして一般の人々の支えで根強く生き続けてきた。日本文化が西欧文化を巧みに取り入れ、自国の文化と融合させた例として、日本の国歌「君が代」がある。安倍総理は『美しい国へ』で君が代を世界でも珍しい非戦闘的な国歌だと絶賛し、「『さざれ石の巌となりて苔のむすまで』という箇所は、自然の悠久の時間と国の悠久の歴史がうまくシンボライズされて、いかにも日本的で、わたしは好きだ」と述べるとともに、それをかつての軍国主義と結びつけ特別な目で見る人々を非難している。この点では私は安倍総理に賛成である。君が代は、1880年（明治13年）に宮中の雅楽の楽人奥好義がメロディをつけ、ドイツ人の音楽家フランツ・エッケルトが編曲し、天長節で初めて演奏された。そして1893年（明治26年）に文部省がこれを小学校唱歌にくわえ、その後慣例的に国歌として歌われてきたもので、正式に国歌となったのはつい最近の1999年（平成11年）に「国旗および国歌に関する法律」によってである。重要なのは、君が代のもともとの意味は、君（成人の男女）が末永く結ばれることを願った民間の祝い唄として歌われたものであって、必ずしも天皇を賛美した歌ではないことと、ドイツ人がその編曲に当たったことである。民間の祝い歌で、しかも外国人が編曲した曲を国歌としたのは、世界でもおそらく例のないことである。それは西欧文化と日本の伝統文化の融合の象徴であって、過去にこの国歌を軍国主義者が悪用したからといって、その美しさはいささかも損なわれるものでない。ただ芸術を軽視する日本の政治家たちに言いたい。日本に優れた芸術家がいなければ、この美しい国歌もまたなかったのだ。

国歌は自発的に歌ってこそ美しい

しかし私は、国歌を学校等で強制的に歌わせることには反対である。安倍総理は、アメリカなどでスポーツイベントで必ず国歌を歌うことや、日本の選手がオリンピックで、涙して国歌を歌ったことを例に挙げているが、彼らは自発的に歌っているのであって、強要されたわけではない。だからこそその涙は美しく、国歌も美しいのだ。アメリカ映画『カサブランカ』を見た人は多いと思うが、その名場面は、モロッコを実質的に占領したドイツの軍人が、ハンフリー・ボガード扮する主人公の酒場で、傍人無若に軍歌を歌ったのに対し、フランス人たちが、一斉に立ち上がってフランスの国歌ラ・マルセイエーズを涙ながらに歌い、ドイツ人を黙らせたシーンである。フランスは個人主義の国で、国の名で行われることすべてを疑いの目で見る傾向がある。その彼らが涙を流してラ・マルセイエーズを歌ったからこそあの場面は感動的なのであって、命令されて歌っていたら安っぽい国威高揚の宣伝映画になってしまっただろう。全体主義国と違って民主主義国においては、何事も国民の自発性が尊重されるのだ。

海ゆかば

同じことは戦時中軍部によって準国歌として使われた「海ゆかば」についてもいえる。この曲は信時潔が大伴家持の和歌を歌詞に使って作曲したもので、名曲である。ただそれが太平洋戦争中に、出征兵士を送る際や、ラジオ放送で玉砕を告げるときに使われたため、戦後軍国主義の歌として偏見を持ってみられるようになった。しかしワーグナーの曲は、ヒトラーに愛され、ナチスドイツによって集会等で好んで使われたが、だからといってその芸術的価値はいささかも傷つくものではないように、「君が代」にせよ「海ゆかば」にせよ、それが悪用されたからといって曲そのものを偏見を持って見るのは、文化の見地からすれば見当違いも甚だしい。文化から見れば、美しいものは何があろうと美しいのだ。

文化の復興

戦後日本は、改めて文化国家の再興を目指したが、文化的教養を持たない政治家たちは、文化の持つ意義すら理解せず、芸術文化には無関心で、芸術家たちは孤立無援の中で文化の復活を図らねばならなかった。そうした中で1968年（昭和43年）に文部省の文化局と文化財保護委員会が合併して文化庁が設立され、国立劇場や美術館が整備され、日本芸術文化振興基金が作られ、遅ればせながら政府の文化政策もその端緒についた。そして芸術家海外研修や芸術団体への補助、民間による芸術支援の奨励、国際文化交流の振興等の施策により、小沢征爾、蜷川幸雄、森下洋子、黒沢明、川端康成、村上春樹といった世界的な芸術家も輩出し、漫画や和食などを核としたクールジャパンという流れもできてきた。しかしその文化政策も、安倍政権によって、芸術発展の原動力である芸術行政が、文化庁の京都移転で芸術活動の中心である東京から切り離されようとしており、芸術は弱体化する恐れが出てきている。そうなればこのところ一時高まった文化国家日本再興の夢は、無に帰す可能性が高いのだ。日本民族は、その伝統である文化国家の伝統を取り戻す機会を放棄しようとしているのだ。

芸術創造の自由の確保

伝統と同義語の文化と異なり、新たな創造を核とした芸術の場合、発想と制作の自由が保障されなければ芸術家たちは委縮し、芸術活動は衰退し、それとともに民族の美意識もまた低下する。したがって芸術文化への政治の介入は、民主主義国家であるなら、決して許してはならないことである。かつてナチスドイツは、芸術を統率・監視する組織として帝国文化院を作り、あらゆる分野で、ナチスの政治理念や政策に批判的な芸術を取り締まり、作品を破棄し、芸術家を追放した。こうしてワグナーの作品がゲルマン民族の音楽として賛美される一方で、ジャズを含む欧米の音楽や、メンデルスゾーンやマーラーなどのユダヤ人作曲家の曲は禁止された。絵画でも、抽象画の類は一切破棄され、シャガール、カンデンスキーらの絵も排除された。そして芸術家の活動はすべてナチスのプロパガンダ組織に組み込まれ、ナチスの美学に合致した伝統的な現実主義だけが許された。戦時中の日本においても、欧米音楽は敵性音楽として排除され、画家や音楽家は軍部に徴用され、戦争画や軍歌など、国民の士気を高めるプロパガンダへの協力を強要された。

芸術文化の法制化への危惧

こうした歴史を踏まえ、私は、２００１年（平成13年）に議員立法によって文化芸術振興基本法が制定されたとき、文化や芸術といった人の精神に関する事柄を法制度化することに反対して、２００１年（平成13年）11月30付け朝日新聞「私の視点」欄で「文化振興基本法に強まる危惧」というコラムを載せた。その趣旨は次の３点からなる。

① 芸術文化は人の精神に係ることであり、またその定義すら普遍的な合意のないことからその立法化には細心の注意が必要であり、充分な議論を経ないと後に禍根を残す。

② 「心豊かで活力のある社会の形成」といった芸術の社会的役割を強調しているが、芸術は第一義的に創造のためのものであり、その過程で社会の決め事や既存の価値を否定する可能性もあり、そうした芸術創造の特質を無視し、他律的な社会的役割を法律で強調することは芸術を歪めることとなる。

③ 世界の文化政策が国家によるフランス型から民間主体の英米型に移っているときに、国の定める基本方針に基づき芸術文化を振興するといった、時代遅れの政策を打ち出すのは、芸術文化の振興にはならない。

しかしこの法律は、国会での議論もほとんどないまま立法化された。人としての精神の自由、そして一切の拘束を受けない自由な芸術創造活動の保持のため、芸術関係者は、今後とも芸術文化のこれ以上の法制化を阻止するよう、政府の動きを監視していく必要があろう。

第八章　美しい芸術

芸術はわからない

前章で文化が日本を美しくすることを強調したからには、文化の中でも、特に美を創り出すとされる芸術について、改めて考えてみる必要があろう。

「芸術って何だかわからない」、「芸術は難しくて嫌いだ」こういう声がしばしば聞かれる。そして私は、そうした声が出ることは当然であり、責任は芸術を前に戸惑う人々にあるのではなく、芸術家と芸術評論家、芸術研究者などの専門家の側にあるのだと考える。第一芸術とは何かということ自体が、実は専門家も含め、誰にもよくわかっていないのだ。私は『死の超越―永遠志向社会の構築』の中で、芸術創造こそが、死を超越しようとする人間の精神のほとばしりの最たるものであるとして、芸術を賛美した。そして芸術についての私の考え方をこう表現した。

「私がここでいう芸術とは、意識して自分の作品を後世に残そうとする行為と、その産物のことである。人間の創り出すものの多くは、実際的な用途に使われる。それに対して本物の芸術は、賞美され、記憶されることを目的として創られる。芸術家は、素材や型、文字や音を、精神的エネルギーと結合させて、絵画、彫刻、建築、音楽といった芸術作品を創り出す。彼らが創造を通じて求めるのは、自分自身を作品に移し替えることによって、自分に代わって死後も人々に衝撃を与える作品を創り出すことである。だからこそ芸術家は自分の作品に署名をするのだ。フランスの哲学者で文化大臣のアンドレ・マルローが『沈黙の声』の中で言っているように、『すべての芸術は不滅を目指すものであり、したがって運命への人間の反逆なのである』」

芸術は楽しめばよい

それでも多くの読者は「まだわからない」というだろう。しかしそれでよいのだ。なぜなら、芸術を鑑賞する側から言えば、芸術とは頭で理解するものでなく、感覚的にその作品が美しいかどうか、それを見ることで幸せを感じるかどうか、そしてその作品が好きかそれとも嫌いかの問題であって、それ以上の屁理屈は必要ないのだ。そして上に述べた私の芸術論をはじめ、芸術に関する専門家の御託はすべて忘れて、ただ楽しめばよいのだ。

難解な芸術理論

ところが芸術の専門家と称する人々は、芸術をそう単純にとられては自分たちの関与の余地がなくなることから、ことさらに難解な理論を並べ、美術評論家などのいわゆる専門家の助けがなければ、無知な人々は芸術を理解できないと主張するのだ。その芸術理論の中でも特に難解なのは、美学的な解釈であり、ドイツ観念論による芸術論である。たとえばカントは、『純粋理性批判』の中で当時ドイツでよく使われたaesthetik（美的）という言葉をとらえ「美の批判的判定を理性原理のなかに入れ、その規則を学に高めようとするバウムガルデンの誤れる希望に基づく」ものとし、「先験的感性論のために留保すべきこと」を力説した。こうした難解極まる芸術をめぐる議論の影響は、今でも読めば読むほど訳のわからなくなる美術館の学芸員や美術批評家が作るカタログなどに反映されている。これを読んだ鑑賞者たちが、本来の目的である絵画を楽しむのではなく、あたかも苦悩する人のごとく、しかめっ面をして絵を見ているのもわかる気がする。クラシック音楽についても全く同じことがいえる。これでは芸術嫌いになる人が出てこない方が不思議だ。

ラスコーの洞窟画

私は、文化庁文化部長時代に、フランスのブロアで開催された日仏文化サミットに参加したが、ブロワ城で開かれた晩餐会で、ジャック・ラング文化大臣と芸術の起源について議論をした。彼は、芸術は人間が死の必然を知ったことで始まったという私の説に全面的に賛同した。そして私が、以前ドルドーニュ県のラスコーの洞窟画を見に行こうとしたが、一般には公開されていないことから諦めたことを話すと、直ちに見学の手配をしてくれた。そして洞窟の壁に描かれた多数の動物の絵を見たとき、その躍動感と、色彩の美しさ、そして美的感覚の鋭さに圧倒された。美学の専門家はこれを原始芸術（primitive art）と呼ぶが、その質の高さと芸術性は、原始的どころか現代の天才画家の作品にも匹敵する、最高の芸術であった。後期石器時代にこうした芸術作品が生まれたのは、この絵を描いた人々は死の必然を知り、それを超越しようとしたためである。その絵が近現代芸術に優るとも劣らないのは、画を描く動機が近現代の芸術家と同じだからである。そして洞窟は古代の美術館だったのだ。この素晴らしい芸術作品を生むうえで、芸術についての難解な説明などは必要なかったのだ。

ピサロの絵

私はささやかながら、美術品のコレクターである。現在19世紀中葉までの油絵を主とした絵画・彫刻28点、それにナポレオン時代の置時計など雑多な古美術品を多数所蔵している。私の最初のコレクションは、１９６９年（昭和44年）にパリのクリニョンクール街にある蚤の市で買った19世紀の画家Laurent Gzellの絵で、男の子が暖炉の前で本を読んでいる人物画である。絵を買った動機は、アパートの居間の壁に何か飾りが必要だったからで、それを選んだのは家内である。家内は、それは「きっとおじいちゃんが孫を描いたものだ」と主張していたが、確かに、描かれた子どもに対する愛情がにじみ出た、心地よい絵だった。彼女自身アマの画家で、『永遠志向』を出版したときは30数点の挿絵を書いてくれた。私が買った絵で最も高価だったのは、パリでも最も格式の高いとされる画廊WALLY FINDLAYで買ったピサロのLe Pont（橋）という点描画だ。それが特に好きだったというよりは、名画といえば印象派の絵を指すという日本での奇妙な絵画観がしみ込んでいて、どうしても自分も印象派の絵が欲しかったことと、その絵が画廊に展示されていた印象派の絵の中で比較的安かったからである。早速銀行のローンを組み、へそくりを全部はたいて買った。そして家に来る友人、知人たちが「ピサロだ」と言って驚くのを見て悦に入っていた。

好きな絵が名画だ

だがしばらくすると、その絵が私にはどうも合わない気がしてきた。その絵を見つめていると、何とはなしに落ち着かなくなるのだ。最初は絵の格に自分が負けているのかと思ったが、最後はやはり、画家の主張が強すぎるその絵が嫌いなことが分わかってきた。そこでその絵を部屋の真ん中から隅へ移し、目立たなくした。そのうちに、文部省から、国際学術局新設に伴い戻ってくれないかとの要請があり、帰国することとなった。そこでフランスの法律に基づき、日本に持ち帰る絵画のリストを文化省の専門委員会に提出した。ところが委員会は私のピサロの絵は彼の数少ない晩年の作で、貴重な文化財であるとして、輸出禁止を決定したのだ。私は残念がるよりほっとした。そしてWALLEY FINDLAYでその絵と、スイスの画家GANTNERの風景画とTHOMASの小さな裸婦の絵の二点と交換した。この二点の絵は今日でも東京の我が家の居間に飾ってある。ガントナーの名は日本ではあまり知られていないが、大きな石が林の中に転がっているその風景画は、静かで気取らず、しかも凛とした気品を感じさせ、いつ見ても心が癒されるのだ。要はよい絵とは、自分が好きな絵なのだということに気付いたのだ。名画とは、他人の評価ではなく、自分が見出すものであり、絵の値段や画家の有名度などとは、何の関係もないのだ。絵画の価値は、美術評論家や鑑定人が決めるのではなく、鑑賞者の好き嫌いで決まるのだ。そして誰もが自分だけの名画を見出すことに芸術鑑賞の楽しみがあるのだ。

絵は自分を映す

それからは私は絵を買うときは画家の名前をできるだけ見ないようにした。名前で絵を買うことのいかに愚かしいかを悟ったからだ。そしてロンドンに出張したときに買ったのがCarmichaelの19世紀のフリゲート艦の絵である。船が高波に揺れているのが感じられるような迫力のある絵で、少し高いとは思ったが思い切って購入した。後で調べたところ、彼はかの有名なターナーの兄弟子で、当時当代随一といわれた海洋画家で、その作品はプリマスの海軍博物館をはじめ多くの美術館で展示されている。またベルギーの田舎の村にある骨董品屋で、17世紀のものと思われるエッチング〈銅版画〉2点を見つけ、その鋭い筆使いが気に入り、店番の90歳は超えていると思われるおばあさんに聞くと、エッチングの王様といわれたガロの作品だという。署名もなくその真贋のほどは自信がなかったが値段もまあまあだったので購入し、パリに戻ってから知り合いの画商に見せたところ、これは本物だから委託販売させてくれと言われた。絵が気に入っていたので断ったが、その絵の相場がいくらぐらいだったか聞き損じてしまった。私のコレクションのほとんどが19世紀中葉までの具象画や写実画で、印象派も抽象画もない。それは素晴らしいヨーロッパ具象派の絵が現代において不当に低い評価しか受けていないことへの反発と、印象派や、それ以後にタケノコのごとく生まれてきたフォービズム、キュービズムその他の抽象画の水増しされた価値に対する不信からである。家内もまたいくつかの絵を買い足した。そして気が付いたのは絵の雰囲気がそれを買った私と家内のそれぞれの気性によく似ていることである。好きな絵は自分を映していたのだ。

名前で絵を買う愚

ときどき、著名な画家の絵が数百億円で取引されるニュースが流れるが、それを買う人はお金が余って他に使いようがない人か、著名作家の絵を持つという虚栄心からか、それとも金儲け目当ての投資家である。さる知人は、自慢のピカソの素描を私に見せてくれたが、殴り書きの習作（またはらくがき）であり、ピカソの署名がなければそのような絵を買う物好きはいないだろう。大体ピカソは、生涯に15万点の作品を残したといわれるが、それが本当なら毎日数点を描き続けたこととなる。いくら天才でも芸術を軽んずる制作態度であり、そんなに描き散らしていれば、当然駄作が多くなる。そういう絵を名前だけで買うのは芸術的な観点からすればすべて邪道である。

そんな金があるなら、無名の新人の絵でも買った方が、よほど芸術のためになる。有名な画家の絵を買うよりは、自分の気に入った絵を探し出し買い上げる方がはるかに道にかなっているのだ。19世紀末から20世紀初頭にかけて一世を風靡した印象派の絵は、当初フランスの画壇からは無視され、評論家からは壁紙にも劣るとの酷評を受け、プチパレの公募展にも出展させてもらえなかった。その苦境を救ったのが主としてアメリカの石油成金たちで、絵心もない彼らは、印象派の絵をおもしろいとして大量に買い漁った。そして印象派の絵が金になることを知った画商たちが動き始め、評論家も注目するようになったのだ。成金たちが印象派を世に売り出したのだ。そして新たな才能を見出し、その作品を買うことで芸術家を支えるコレクターは、芸術の支援者として尊敬されるのだ。いわゆる名画を集めるのではなく、自分の目で鑑定して絵を買うのが本当のコレクターなのだ。

贋作者が語る現代芸術の堕落

稀代の贋作者として知られたフランス人のデホーリーは、ピカソ、マチス、デュフィーの作品を中心に、わかっただけでも千点近い絵を偽造し、悪徳画商を通じて販売し、それが20年もの間ばれなかった。画商の一人は1963年と64年に日本を訪れ、かなりの数のデホーリーの贋作を、日本の個人のコレクターや画商に売りつけたが、それらの絵は、いまだに誰かに所蔵されているはずである。国立西洋美術館も、デレイン、ダッフィー、モジリアニの彼の偽作を購入していた。美術館はこの3点のお披露目の展示会を開いたが、ちょうど訪日していたフランスの文化大臣アンドレ・マルローも会場を訪れ、感想を聞かれ、「なかなかの作品です」とほめたが、購入値段を聞いて「それは普通よりは少し安いですね」とコメントした。彼は薄々絵の真贋性を疑っていたのかもしれない。その後デホーリーや画商たちが警察に逮捕され、西洋美術館にも贋作を売ったことが知られ、メディアや国会でも取り上げられるなど大騒ぎになった。何人もの著名な鑑定人が、デホーリーの贋作に真正鑑定書を発行したが、彼らは悪意でやったのではなく、偽作であることを見抜けなかったのだ。そして彼の作品の一部は、今でも専門家がその真偽を鑑定できず宙に浮いたままで、多くの美術館で本物として展示されている。また偽作とわかった作品も、高値で闇取引されている。デホーリー自身は、自分は何も悪いことはしていないと言い張り、自分の絵にピカソやマチスの署名をしたことは認めたが、悪いのは絵を見る目もないのに名前につられて金を払う買手であり、簡単に真似られるようなお粗末な絵を描く画家たちである、と主張した。ある意味で彼は現代美術の偽善性を暴露したのだ。また彼の贋作を売った画商の一人は、「騙すのは簡単でした。人は署名だけ見て絵は見ないからです」と語っている。この一件こそ名前だけで売り買いされる現代の絵画市場の堕落を、如実に物語っているのだ。このような絵画の扱い方は単なる商取引であって、芸術とも文化とも無縁のものである。（この項はCrifford Irvingの著書『Fake』と当時の新聞記事および国立西洋美術館関係者からの聞き取りをもとに書いた）

楽しむ芸術

これで読者の芸術の見方も少しは変わってくれるだろう。要は、七面倒くさい能書きを述べる評論家や画商の言うことなど無視して、気軽に絵を見て回ってもらいたい。そして自分が好きな絵を、そして自分が名画だと感じる絵を見つけ出してもらいたい。芸術は娯楽と同じで、楽しめなければ価値がないのだ。そしていつかは自分が気に入った絵を買って、美を自分のものにする充実感を味わってもらいたい。その作家が有名だろうと無名だろうと、傑作といわれようといわれなかろうと関係ない。要はあなたが好きならそれでよいのだ。そういう鑑賞者がいればこそ、芸術は美しいのだ。

第九章　芸術への理解の欠如

なぜ芸術は重要か

　残念なことに、日本の政治家は芸術・文化の重要性に気づかず、これまでその保持や振興に十分な対策をとってこなかったきらいがある。欧米諸国に比べると我が国の芸術文化支援策は十分とはいえない。それは文化に無関心な政治家たちが、文化こそが国の魂であり、芸術こそがその文化に活力を与えるものであって、しかも国民の間で美的感覚や創造性を育てることで、他国に勝る美しく優れた商品を創り出す能力を生み出すものであることを理解しないからである。芸術はまたその国の品格を構成するものであり、奥行きのある美しい芸術を持たない国は、いかに富んで強大でも誰も尊敬しないだろう。

芸術行政の京都移転

こうした政府による芸術軽視の最たるものが、安倍政権が進めようとしている文化庁の全面的な京都移転案である。私は今年3月4日の朝日新聞のオピニオン欄に投書し、文化庁の京都全面移転案は芸術軽視であると批判した。政府は、文化財の多くが京都にあることを移転の理由としているが、文化庁には文化財を所管する文化財保護部の他に、芸術の振興を担当する文化部があり、現代芸術の支援をしている。芸術振興に当たっては、芸術団体や芸術家、さらには政財界との協働が不可欠だが、政治機構や経済団体はもちろん、芸術関連の全国団体のほとんどは東京にあり、芸術関係の教育機関も、国立を含めた劇場や美術館、さらには芸術家も東京に集中している。一方京都の芸術関連のインフラは全く未整備の状態にある。そんな中で文化庁を全部京都に移せば、芸術振興策の執行に支障をきたすのは火を見るより明らかである。芸術創造こそは日本の最も美しい伝統であり、諸外国の日本に対する尊敬の念の根源であり、しかも上述のように日本の産業振興にとっても不可欠なのである。そんな中で文化庁全体を京都に移すのは、文化の価値に対する無知からくる芸術軽視以外の何物でもない。これでは日本の文化国家としての資質が問われることになるだろう。

芸術は日本経済のかなめ

芸術と経済の関連については、政治家だけでなく経済学者でも注目している人は少ない。

これは第14章「美しい創造経済」でより詳細に述べていることだが、これからの国際競争において最も有利な立場に立つのは、高付加価値、高品質の商品を作れる国である。そして芸術がその典型であることは言うを待たない。特に少子化、高齢化に直面している我が国の場合、これまでのような大量生産、大量消費の経済では、労働力の豊富な途上国に勝てないことは明白である。しかし日本は、世界に類を見ない高い工芸技術の伝統と、独自の美的感覚を持つ国であり、これを基礎に現代的な芸術センスを加えれば、誰もが引き付けられる質の高い美しい産品を創り出すことができる。アニメや和食の分野での成功もその表れである。言うなればそれは、日本をブランド商品の一大生産国にすることである。ブランド商品が、パリ、ニューヨーク、ローマといった芸術の都から生まれていることを見れば、芸術こそがブランド商品のかなめであることがわかる。そのためには芸術行政が経済関係者、芸術教育関係者、そして芸術家を結びつけ、美しい商品を創り出すコラボを実現する芸術行政がどうしても必要なのである。

文化と芸術の相克

私が芸術行政を京都に移すことに反対する今一つの理由は、いつの時代においても、芸術はそれが本物なら伝統的な文化に挑戦し、ときには破壊するものであり、文化の保持を願う大多数の人々から伝統を冒涜するものとして排除される可能性があるからである。芸術創造とは既存の文化への反逆なのである。特に日本の伝統文化の本拠ともいうべき京都に芸術行政の本拠を移せば、伝統の重みで芸術創造が委縮する可能性が強い。断っておくが私は地方分権の熱烈な支持者であり、地方再生に反対しているわけではない。しかし芸術担当の部局を創造の現場から400キロも引き離してしまっては、日本の将来にとって死活の重要性を持つ芸術行政が動かなくなってしまうのだ。

行政と芸術家の協働の例

芸術の現場に芸術行政の本拠を置くことの大切さを示す例として、私の文化庁での経験をお話ししよう。私は１９８４年（昭和59年）に文化庁文化部芸術課長を拝命した。そのとき私は文字通り武者ぶるいをした。私は哲学をライフワークと考え１９８２年（昭和57年）に哲学３部作『永遠志向』を出版したが、その中で、死なねばならないという宿命と生きるという意志の狭間で苦悩する人間にとって、創造者の死後も生き残る芸術や科学などの創造活動こそがその死の絶望を解消するものだとし、死後も生きた証拠を残したい人々は競って創造活動に参加するだろうと述べた。したがって芸術活動の振興に貢献できることは冥利に尽きると考え、全身全霊で芸術振興に尽くそうと誓った。

民間による芸術支援

当時の国の支援体制は極めて貧弱で、芸術活動への補助金も24億円という申し訳程度の額であり、その主たる事業は毎年10月に開催される芸術祭の実施であった。実際私もよく、芸術祭課長さんですか、と聞かれたものである。そうした中で私が注目したのが、1977年（昭和52年）3月にまとめられた文化行政長期総合計画懇談会の報告書で、それは国の資金を基金とし、民間からの寄付を合わせて文化の振興を図る日本文化振興会の設立を提案していた。しかしこの提案は当時のクラシック系の芸術家や芸術関係者の多くが、民間資金の芸術への導入は芸術のコマーシャル化と低俗化につながると考え、芸術は、文化大国フランスのように、あくまで国の支援で振興すべきだという意見が強かったため具体化しなかった。当時国の財政はすでにひっ迫し始めており、国の予算だけでは芸術の振興は難しいと考えた私は、連邦政府が所管する全米芸術基金（National Endowment for the Arts）からの補助金200億円に加え、民間からの1兆円ともいわれた潤沢な寄付で芸術振興を進めるアメリカを念頭において、日本でも民間からの芸術への寄付をもう一つの政策の柱にしようと考えた。

官民協働による芸術振興策

しかしそれには芸術関係者の理解と支持が不可欠であった、そこで私は各分野のトップレベルの芸術関係者や芸術に理解ある人々を拙宅に招待し、妻の手作りの料理を振る舞いながら、忌憚のない意見の交換を行った。この夕食会への参加者は4年間で130人を超えた。その中には、バレエの松下洋子、清水哲太郎、声楽の岡村喬生、演劇監督の渡辺浩子、藤原歌劇団理事長の下八川恭祐、棚野日本オーケストラ連盟事務局長などの芸術関係者のほか、後に社長となったオペラ愛好家の三菱信託銀行の林宏常務、経団連の内田公三常務理事、後の総理大臣の細川護煕、後でメセナ協議会の事務局長になる根本長兵衛朝日新聞論説委員などがいた。こうした意見の交換を通じ、私は彼らの本音を聞きだすとともに、民間資金の芸術活動への導入にも賛同を得ることができた。またこの人脈が後で日本芸術文化振興基金設立に伴う民間拠出金集めや、新国立劇場の建設の際に、大きな支えとなったのである。

民間芸術の振興に関する検討会議

そこで民間主体の芸術振興策を政策に取り入れるため、三浦朱門文化庁長官以下の上司にお願いし、演劇評論家で早稲田大学教授の河竹登志夫氏を座長とした20人の学識経験者からなる「民間芸術の振興に関する検討会議」を開かせてもらった。委員の3分の1は拙宅の夕食会に出席された方たちだった。検討会議は1986年（昭和61年）7月28日に最終報告書を採択した。報告書は芸術創造は、①文化行政の強化、②創造追及の強化とそのための基盤整備、③芸術関係予算の確保と民間活力の導入、④芸術活動の広がり、の4つを柱とした新たな芸術振興策を提案した。実は私としては、検討会議で国と民間が拠出する基金を提案することを考えていたが、年間予算が全体で400億円程度の文化庁が基金に拠出する余裕はなく、やむを得ず、民間活力導入の一環として、民間が国と協力して芸術を振興する新たなパトロネージの制度化、という抽象的な提案をするにとどまらざるを得なかった。

民間資金で建てた新国立劇場

私は1987年（昭和62年）には文化普及課長になったが、その担当する新国立劇場の設立は、資金の調達のめどが立たないまま長年棚上げになっていた。そこで大規模な街区の開発を東京都の都市計画に沿った形で進めれば、建蔽率が割増しになるだけでなく、使用しない容積（空中権）を街区内の地権者に有償で譲渡できる「特定街区制度」を政府として初めて導入することとし、空中権をオペラシティに譲渡することで新国立劇場の建築費の8割を捻出した。昨今の国立競技場をめぐる騒動を見ると、関係者にもっと工夫があってもよかったのではないかと思う。これと並行して私は、音楽議員連盟の青木正久事務局長に、懸案であった芸術振興基金の試案を内々提示した。青木議員は試案を持ち帰り、2週間後に音楽議員連盟に、青木試案として1000億円の芸術振興基金の設立を提案した。この案は議員連盟の承認を得るには至らなかったが、基金構想が政治のプロセスに乗った意味は大きかった。

日本芸術文化振興基金

私は1989年（平成元年）に文化庁総務課長になったが、芸術振興基金をめぐる事態は大きく動いた。音楽議員連盟の小委員会が、桜内義雄会長の了解のもとに、青木試案を基にした国と地方公共団体、民間が拠出する4000億円の基金設立を提言したのだ。それと同時に当時の町村文部政務次官から、植木浩文化庁長官に対して、内閣が文化政策の目玉となる大きな事業を探しているので、内々考えておくようにとの指示があった。文化庁の庁議で検討の結果、文化庁としては以前から検討していた芸術振興基金の創設を提案することとし、私が担当者に指名された。そして1989年（平成元年）7月に塩川正十郎官房長官が記者会見で芸術振興基金の設立を発表し、ここに芸術振興基金案は正式に政府および自民党の政策となったのである。

120億円の民間拠出の確保

しかしそこで大きな問題が生じた。大蔵省は基金への500億円の拠出を認める条件として、文化庁が民間から少なくとも100億円の拠出を確保することを求めてきたのだ。そのとき国会における予算審議までもう5ヶ月しかなく、部内でもその達成はとても無理だとの声も出たが、植木長官のぶれない姿勢もあり、そうした慎重論を押し切って私と西尾理弘文化庁会計課長が募金の責任者となって、直ちに募金が開始された。

募金に当たってはまず経団連の了承を得て1社1億円の募金をすることとなった。当初経団連は企業の負担が大きすぎると難色を示したが、幸い経団連の内田常務理事が私の高校同期生だったこともあり何とか話が付いた。そこで私が最初に接触したのは林宏三菱信託銀行社長であった。旧知の仲であった彼は即座に1億円の寄付を表明するとともに、日本信託銀行協会幹事の立場から他の信託銀行にも話をつないでくれ、主要信託銀行5行が拠出を承諾した。また都市銀行5行もこれに倣った。これを梃に250を超える企業を回り、3月には120億円の拠出を確保した。このときには芸術家たちも私と同道して芸術に理解のある企業トップを回ってくれたのだ。（この経緯については拙著『日本芸術文化振興基金設立の経緯』、日本アートマネジメント学会紀要第14号 pp.69-75 を参照されたい）

孤立する芸術家

長々と書いたが、私が言いたいのは、東京という芸術活動の中心地から400キロも離れた京都に文化庁があったとしたら、このような政財界や芸術関係者との協働による成果を挙げることは不可能だったということで、移転が実施されれば芸術行政と芸術関係者との連携は分断され、日本の芸術活動は勢いを失うこととなる。日本は明治維新後、欧米諸国に追い付くため文明開化を国策とし、伝統文化を軽視し欧米化を進めた。そうした中で日本の芸術家たちは、文字通り血のにじむような苦労の中で、欧米文化の波を吸収し、かつ日本独自の文化を保持する努力をしてきた。いま日本が欧米文化と日本文化の融合に成功しているのは、こうした芸術関係者の努力のおかげであり、政府は彼らの労苦に報いるべきであるのに、芸術を軽視してきたのだ。

芸術を愛したチャーチル

安倍総理は、第二次大戦のとき英国を勝利に導いた大政治家チャーチル首相を尊敬し、『美しい国へ』でも彼の政治的信念と自分の理念との類似性を示唆している。しかし安倍総理とチャーチルには大きな違いが一つある、それはチャーチルはそのこわもてな面からは信じられない教養人であり、芸術の理解者だったことである。彼は、ノーベル文学賞を受賞した卓越した名文家であり、画家でもあった。彼は主として風景画を描いたが、その才能は専門家をもうならせるほどであったといわれる。彼はまた芸術を理解しない人々を軽蔑し、嫌っていた、第二次世界大戦の末期に、急死したルーズベルトの後を継いで第33代アメリカ大統領になったトルーマンに対して、チャーチルは強い偏見と軽蔑感を持っていた。トルーマンはミズーリ州の田舎出で、高校を卒業後銀行の事務職員をしていた。彼は歴代のアメリカ大統領の中でただ1人高等教育を受けていない人物だったのである。チャーチルは当初、トルーマンを無学の田舎者と見下し、内々の会話では大統領と呼ばずミスターと呼んでいたが、ヤルタ会談に出席し初めてトルーマンと会って彼がピアノの名手であることを知り、その態度を改め、その後は必ず大統領と呼んで尊敬の念を示したという逸話がある。

戦時に芸術を優先したチャーチル

チャーチルが芸術を深く理解していたことは、1940年に英軍がダンケルクでドイツ軍に大敗したとき、彼が最初に打ち出した施策が、なんと英国アーツカウンシル（Arts Council）の前身である音楽・芸術振興委員会（Council for the

Encouragement of Music and the Arts）の設立だったのだ。国が絶対絶命の苦境にあったときに、軍事的な対応に先んじて芸術の振興を打ち出したところに、彼の政治家としての偉大さがある。彼は芸術が敗戦で沈んだ人々の心を明るくし、士気を鼓舞することを理解していたのだ。このチャーチルの英断と芸術に対する深い理解を安倍総理はどう見るのだろうか。

伝統文化の京都と現代芸術の東京を競わせる

大局的な見地から私が地方再生にもなり同時に芸術振興にも資すると考える案は、文化庁を京都に全面的に移転して一極化するのではなく、文化財行政を担当する文化財保護部を京都に移転し、伝統芸術振興のための劇場や美術館を整備し、京都を日本の伝統文化の都とし、一方現代芸術を担う文化部や、国立国語研究所が東京にある国語課と、著作権団体が東京にある著作権課はそのまま東京に残す案である。そして伝統文化の都としての京都と、現代芸術の都である東京を競合させることである。こうしたライバル文化の切磋琢磨によって日本の芸術文化はさらに発展し、多様化するだろう。

京都は日本人の心のふるさと

要は京都をどのような文化都市にするかのビジョンの問題である。私個人としては、京都は日本の伝統のシンボルであり、日本人の心のふるさとであり続けてほしい。その京都に現代芸術文化を大量に持ち込み、ごちゃまぜ文化にしてしまうのは、悠久の日本の文化と伝統に対する冒涜ではないかと感じるのだ。国はこれまで日本の伝統芸能などにはあまり力を入れてこなかったが、文化財保護行政の京都移管を機に、宮廷文化を含め、能楽、雅楽、琵琶などの邦楽、京舞などの無形文化財を集中的に振興すべきであろう。そして世界に、千数百年続く日本の文化的伝統を知らしめるのだ。そうした伝統文化都市作りに、現代芸術は違和感を持ち込むもので、邪魔になるだけである。省庁の地方移転も大事だが、それを急ぐあまりに、こうした文化についての国家百年の計を立てる機会を逸するのは、あまりにも残念である。もちろんこれは京都市民の問題でもあり、京都が文化振興についてどのようなビジョンを持っているのかぜひ聞いてみたいと思う。

人によっては、芸術行政も京都に移ることで、新しい創造が生まれるのではないかというが、東京を軸とした日本の現代芸術が確立されるのには150年近くかかったのであり、京都移転は芸術の発展を大幅に遅らせる危険があるのだ。

行政は現場に拠点を置くべしとの安倍総理の見解

安倍総理は、『美しい国へ』の改訂版である『新しい国へ』の中で東北復興の遅れを嘆き、復興庁が復興交付金の「査定庁」となりつつあると批判して次のように述べている。

「しかしながら、被災地からの要請を、東京の役所の卓上で審査するだけでは、東北復興などできようはずもない。復興庁の職員は、原則は現地に拠点を置き、現地の人たちの声を吸い上げながら、どうすれば彼らの要望を叶えて、東北の復

興につなげていけるかと考えるべきでしょう。」（原文のまま）

もし安倍政権が芸術行政の京都への移転を強行するなら、私は、この文章にある復興庁を文化庁に、東北復興を芸術振興に置き代え、被災地を東京として、そのまま安倍総理にお返しするだろう。そして彼がダブルスタンダードをとる政治家ではないことを信じるだけである。

文化庁の後輩に問う

この問題について最後に言いたいのは、地方移転の候補として内々挙がった省庁は数多いのに、なぜ文化庁が選ばれたのか考えてもらいたいということである。おそらく文化庁が最も影響力も弱く、移転への反対も大したことがなかろうと見くびられたのではないか。そしてそれには理由があるのではないか。職務に全力で専念してきた後輩たちには申し訳ないが、私が日本民族の将来にとって最も重要な課題であると信じている芸術にかかわる事柄である以上、あえて君らに尋ねたい。君らは私が芸術課長だったときのように、現場で何が起きているかを理解するため、激務の合間を縫って年間300公演以上の実演を見たことがあるのか。芸術関係者との私的、公的な話し合いを経常的に重ね彼らの本音を聞いてきたのか。与野党の政治家との連絡を保ってきたのか。財界や芸術関係者との協働関係を築いてきたのか。もしそうなら、なぜ芸術行政の京都移転について、もっと反対の意見が出ないのか。政治家や国民に、日本の将来にとっての芸術文化の重要性について説明する努力をどれほどしてきたのか。もしこれらの問いに充分答えられないなら、今回の事態は文化庁自身も責任の一端を負うことになるのだ。

第十章　美しい憲法

人類史上最も美しい文章

本書は「美しい国日本」を語るものであり、その見地からいえば、おそらく人類文明が始まって以来最も美しい文章は、下記の日本国憲法の前文第二段と、第九条であり、世界で最も美しい国はそれを掲げる日本という国である。

日本国憲法前文第二段

日本国民は、恒久の平和を念願し、人間相互の関係を支配する崇高な理想を深く自覚するのであつて、平和を愛する諸国民の公正と信義に信頼して、われらの安全と生存を保持しようと決意した。われらは、平和を維持し、専制と従属、圧迫と偏狭を地上から永遠に除去しようと努めてゐる国際社会において、名誉ある地位を占めたいと思ふ。われらは全世界の国民が、ひとしく恐怖と欠乏から免かれ、平和のうちに生存する権利を有することを確認する。

日本国憲法第二章　戦争の放棄
第九条「戦争の放棄、戦力及び交戦権の否認」
① 日本国民は、正義と秩序を基調とする国際平和を誠実に希求し、国権の発動たる戦争と、武力による威嚇又は武力の行使は、国際紛争を解決する手段としては、永久にこれを放棄する。
② 前項の目的を達するため、陸海空軍その他の戦力は、これを保持しない。国の交戦権は、これを認めない。

理想主義の極致

この条文が美しいのは、醜いものの代表である戦争の対局にある平和を唱えるからであり、他国と戦争をして人を殺すのを禁じているからである。そして前文が、国の生存を、諸国民の公正と正義にゆだねるという、殉教者的なまでの人類社会への信頼を示しているからである。これまで国益のためにお互いに殺し合ってきた人類に対して、戦争を放棄すると宣言するのは、まさに理想主義の極致であり、神々しいまでに美しいのだ。この平和憲法の価値は、いつの日にか人類社会に認められ、日本は恒久平和確立の先駆者として歴史に光栄ある地位を占めるだろう。

自衛のための戦争

安倍総理は『美しい国へ』の「憲法前文に示されたアメリカの意志」の項で、「当時のアメリカの日本に対する姿勢が色濃くあらわれているのが、憲法九条の『戦争の放棄』の条項だ」とし、「アメリカは、自らと連合国側の国益を守るために、代表して、日本が二度と欧米中心の秩序に挑戦することのないよう、強い意志をもって憲法草案の作成にあたらせた」と述べ、「『国家主権の発動としての戦争』『紛争を解決する手段としての戦争』はもとより、『自国の安全を守るための戦争』まで放棄させようとした」とし、そのことをもって日本が「独立国としての要件を欠くことになった」としている。しかし太平洋戦争を含め過去の戦争のほとんどは、自国の防衛のためと称して始められたことを考えれば、自国を守る手段としての戦争を認めたなら、日本は戦争ができる国になり、第九条はその意味を失ってしまうのだ。

戦争放棄を提案したのは日本の総理大臣である

それ以上に重要なのは、戦争の放棄については、当時の幣原《しではら》喜重郎総理大臣がマッカーサー元帥に提案したものであることが、幣原総理の手記や、マッカーサー元帥のアメリカ議会の公聴会での発言や回顧録からも明らかになっており、今日では憲法学上の通説になっていることである。安倍総理がその事実を無視して、第九条はアメリカに一方的に強要されたとしてそれを憲法改正の理由とするのは、重大な事実の曲解である。一方同じ日本人として、戦争の放棄を提案した幣原総理の決断に称賛の念を感じるのは、私だけではないだろう。また、仮に第九条の制定にアメリカ側の意思が働いたのが事実だとしても、それは平和憲法の価値を否定するものではなく、その美しさを損なうこともない。

この美しい理想を捨て去るな

もちろん国際紛争が絶えない現実を前に、自国の安全を守る策を講じるのは当然である。これまでも日本は、その現実を認識し、戦力を保持しないという憲法の規定にもかかわらず自衛隊という世界第４位の戦力を作り上げ、国民もそれを黙認してきた。もし安全保障に不安があるなら、その自衛隊を強化するなり、同盟国との協力を強化することで対処すればよいことであって、他国を侵略する意図でもない限り、日本が誇るこの美しい憲法を改正する必要など全くないのだ。首相であれ誰であれ、我々日本人からこの美しい理想を取り上げる権利はない。しかもその美しい憲法の改正を『美しい国へ』という表題の本の中で主張することは、美という言葉に対してあまりにも無神経である。

理想規範としての憲法第九条

我々が理解しなければならないのは、この憲法第九条は、法規範ではあるが、日本に憲法裁判所がないこともあり、法規範としての要素を欠くという見方もあり、理想規範の性格を持つものであることだ。もともと理想とは、現実には存在しないものを現実にするための目標を示すものである。したがって理想規範としての性格を持つ平和憲法が現実に即していないのは当たり前のことである。問うべきことは、そこに掲げた理想が、現実とすべき目標として適切かどうかであり、この見地からすれば、戦争の回避と平和の実現こそが人類最大の目標であることは、下記の国連憲章の前文を読めば明らかであり、平和憲法こそ、すべての人が目指す理想であることは、言うを待たない。

国際連合憲章
われら連合国の人民は、
われらの一生のうちに二度まで言語に絶する悲哀を人類に与えた戦争の惨害か

ら将来の世代を救い、
基本的人権と人間の尊厳及び価値と男女及び大小各国の同権とに関する信念をあらためて確認し、
正義と条約その他の国際法の源泉から生ずる義務の尊重とを維持することができる条件を確立し、
一層大きな自由の中で社会的進歩と生活水準の向上とを促進すること
並びに、このために、
寛容を実行し、且つ、善良な隣人としてお互いに平和に生活し、
国際の平和及び安全を維持するためにわれらの力を合わせ、
共同の利益の場合を除く外は武力を用いないことを原則の受諾と方法の設定によって確保し、
すべての人民の経済的及び社会的発達を促進するために国際機構を用いることを決意して、
これらの目的を達成するために、われらの努力を結集することに決定した。（以

下略）

これを読めば、我が国の憲法が、世界中の人々が分かち合う平和という普遍的な理想を体現していることがわかるだろう。

列強として台頭するための憲法改正

ところが安倍総理は『美しい国へ』の「日本が独立を取り戻すための目標」という項で、憲法や教育基本法が占領下に作られたことを挙げ、「連合国の最初の意図は、日本が二度と列強として台頭することのないよう、その手足を縛ることにあった」とし、「憲法の改正こそが『独立の回復』の象徴」と主張している。しかし連合国の意図はどうあれ、結果として生まれた平和憲法や教育基本法の価値にはいささかも変わりはない。また日本人の大半は、平和で、経済的に繁栄した日本を望んでいるのであって、世界屈指の経済大国になった今、「日本が列強として台頭する」（ということは軍事大国になる）という戦前の国是の復活を望んでいる国民がどれほどいるのだろうか。

恒久平和の国スイス

私は若いころ、平和憲法に加えて、スイスに倣った国民皆兵の制度を導入すべきではないかと考えたことがある。スイスは知っての通り、恒久中立を唱え、他国を侵略しないことを国是とする平和国家である。その一方で、ヨーロッパの大国に周囲を囲まれているという地政的な現実を見据えて、他国が侵略する場合も想定して、国民全員に兵役の義務を科し、退役後も予備役として、緊急時には兵役に戻ることが義務付けられている。スイスは陸軍だけでなく海空軍も保持しており、恒久中立国なのに国連の平和維持軍にも参加し、平和維持のため積極的な役割を果たしている。常備兵力は合わせて3万人ほどであるが、24時間で100万人の予備役兵が動員できるそうだ。市民たちは、軍から小銃や手りゅう弾などの武器の供与を受け、常時家庭に置き、非常時に備えている。また全土を要塞化し、高速道路には、瞬時にして対戦車妨害用の杭が地下からせり上がるようにしてあり、国民全員が避難できる、核爆発にも耐える地下防球壕を完全整備している。またスイスのパンはまずいことで悪評高いが、それは戦時に備え、その年採れた小麦はすべて備蓄に回され、翌年の収穫まで消費することが禁じられているためである。私は10数回スイスを訪れたが、あるときチューリッヒ郊外の農家の納屋に戦車が置いてあるのを見て驚いた。農家の主人によればその日軍事演習があるためだとのことで、60歳の彼は誇らしげに自分はその戦車の戦車長だと言っていた。

スイスに見る現実と理想の調和

このスイスの国防政策は、スイスを侵略しようとすれば徹底的な抵抗を受け、得られる利益よりも損害の方が多く、しかも国際社会から制裁を受け、失うものが多すぎることから、侵略をあきらめるという状況を作るためのものである。事実ヒトラーは一時スイス侵攻を考えたが、そのために50個師団が必要だとわかりあきらめたともいわれる。私がこのスイスの姿勢に関心を持ったのは、それが恒久中立という高い理想と、周囲の国から攻撃を受ける可能性があるという現実とを調和させているからである。

家族と郷土を守るという姿勢は最高に美しいが、ただ今日の飛躍的に進歩した兵器、特にミサイル、攻撃用ヘリコプター、超音速戦闘機、戦車などを組み合わせた近代戦で、小火器を主体にした市民兵からなるスイス軍が、その定評のある勇猛さにもかかわらず、どこまで戦えるかは疑問がある。確かに、中世からスイス人の武勇は知れ渡っており、ヨーロッパ中の諸侯がスイス傭兵を求めたため、彼らの手当は他の傭兵の倍はしたといわれる。この尚武の伝統は、今日バチカン公国の衛兵がすべてスイス人であることからも見てとれる。しかし今日では、小国一国だけによる自前の安全保障はもはや現実的ではなくなってしまったのだ。それでも国民全員が身を挺して故国を守ろうというスイス国民の心意気は美しく、それが過去において他国に侵略をためらわせる一因になっていたことは確かである。

平和憲法でも国は守れる

人々の中には、平和憲法では日本が侵略されたときに対応できないと考え、不安を抱く者もいよう。しかしそうした不安は、法律についての無知からくる誤解である。

仮に不幸にして戦争が現実のものとなり、日本が実際に武力で攻撃される事態が生じたら、日本国民は、第九条のあるなしにかかわらず、政府が非常事態に対処する手段を講じることに異義は申し立てないだろう。国家の存続や国民の生命が危険に曝された非常事態においては、他に選択の余地がない場合は政府が超法規的措置（extra legal measures）をとることは国際的な常識であり、国際法でも認められたことである。テロに対する対応として、アメリカやフランスなどがすでに実際に国内法を無視した措置をとっている。国民の安全こそは最高の法規であることは、古来繰り返しいわれてきたことなのだ。最もこのような超法規的措置が濫用されると憲法が形骸化し、民主主義の土台そのものまで破壊される恐れがあることも事実である。

緊急事態法規

そうした事態を避けるため、ドイツやフランスのように、外部からの武力攻撃やテロや大規模な震災などで政府が特別な措置を講じる必要がある場合に備えて、憲法で特別緊急事態条項を定めている例もある。ただドイツのワイマール憲法第48条で、公共の安全や秩序に係る問題が起きたときに大統領が緊急命令を出すことができると定め、これを濫用した結果憲法自体が形骸化し、ヒトラーの独裁への道を開いたという苦い経験もある。そのためドイツでは、憲法の特別緊急事態条項を適用する際の手続きを厳しくし、特に防衛出動の場合は、連邦議会における3分の2以上の賛成を必要とするなど、厳しい制約も課している。

国民保護法

それに対して、アメリカやイギリスのように、緊急事態への対応を法律で定めている国も多い。憲法に緊急事態条項がない日本でも、大規模な災害の場合には、「災害対策基本法」に基づき、閣議決定で「災害緊急事態」を宣言すれば、首相が罰則を伴う政令を出して対処することが認められている。また武力攻撃を受けた場合には「（武力攻撃事態等における国民の保護のための措置に関する法律）」（略して国民保護法―平成16年6月18日法律第１１２号）に基づき対処基本方針を定め、国民の協力を求めることが定められている。したがって国の安全保障体制が不十分だというなら、この法律を改正すればよいことであって、1人の首相の思い込みで、この美しい日本国憲法を放棄してはならないのだ。現実だからといって理想を捨てるのは、人として最も醜い行為である。

日本人は、日本のためだけでなく世界中の人々のために、第九条に掲げた美しい平和の理想の火を絶やしてはならないのだ。

第十一章　美しい人権

人権思想の始まり

上述の国連憲章を見れば、国際社会の関心は、平和に次いで人権と人間の尊厳の確保にあることがわかる。この人権の思想もまた、人類が生み出した最も美しい理想の一つである。

人権とは、すべての人が生まれながらに持っている権利を指す。人権を最初に具体的に唱えたのはイギリスの哲学者ジョン・ロックで、同時代の哲学者トーマス・ホッブスが、社会の平和を維持するために人は権利を国家（国王）にゆだねるべきだと主張したのに反発し、国家は個人の人権と私権を尊重する義務があり、人権を不必要に侵害する暴政に対しては、人民は革命を起こす権利があると主張した。その後このロックの人権思想は、民主主義を標榜する国々によって取り入れられ、1948年には、国連総会が「すべての人民とすべての国が達成すべき共通の基準として」世界人権宣言を公布した。またこの宣言を基盤として1966年には国際人権規約が国連総会で採択され、1976年に発効している。世界人権宣言の前文で、「人間が専制と圧迫に対する最後の手段として反逆に訴えることがないようにするためには、法の支配によって人権を保護することが肝要であるので、」としているが、これはまさにロックの思想をそのまま取り込んでいるのだ。

世界人権宣言に先駆けた日本国憲法の人権規定

日本国憲法はこれに先立ち、第十一条「基本的人権の享有」で、「国民は、すべての基本的人権の享有を妨げられない。この憲法が国民に保証する基本的な人権は、侵すことのできない永久の権利として、現在および将来の国民に与へられる」とし、また第十二条「自由、権利の保持の責任とその濫用の禁止」で「この憲法が国民に保障する自由及び権利は、国民の不断の努力によつて、これを保持しなければならない。又、国民は、これを濫用してはならないのであつて、常に公共の福祉のためにこれを利用する責任を負ふ」と定めており、人権の面でも世界に先駆けた姿勢をとっている。これは日本人が誇っていいことである。

国際社会が人権を担保している

この人権の根幹である自由について、安倍総理は『美しい国へ』の63ページで、「個人の自由と国家との関係は、自由主義国家においても、ときには緊張関係ともなりうる。しかし、自由を担保しているのは国家なのである。それらの機能が他国の支配によって停止させられれば、天賦の権利が制限されてしまうのは自明であろう」と述べている。これは人権は国内問題であり、国内問題不干渉の原則により国の専決事項であるとされた戦前の考え方である。今日国際人権規約などの国際人権法は国際慣習法に成熟したとされており、国内法に優先するものとされている。人権はもはや国家だけが担保するものではなく、人類社会が担保するものなのだ。どうやら安倍総理は、専制君主制を理想の国家のあり方とし、国内の平和を維持するため、国民は人権を国家（国王）にゆだねるべきだとしたホッブスに近い考え方を持っているようだが、欧米の民主主義国家では、そのホッブスの理念に反対し、人権を国家すら凌駕する絶対のものとし、それが個人に属するとしたジョン・ロックの人権思想が支持されており、世界人権宣言でもこの思想が確認されていることに留意すべきであろう。

地球市民を信用しない安倍総理

安倍総理の人権についての感覚を疑う今一つの例は、「地球市民は信用できるか」という項で、「自分たちの帰属する場所とは、自らの国をおいてほかにはない」とし、「私たちは国家を離れて無国籍には存在できない」と断定している。これは今日のグローバル化した世界を考えると、あまりにも古い考え方である。世界人権宣言第第6条で「すべての人は、いかなる場所においても、法の下において、人として認められる権利を有する」と述べており、また13条2項は、「すべての人は、自国その他いずれの国をも立ち去り、および自国に帰る権利を有する」とし、人が必ずしも国や国籍に縛られることなく一人の人間として認められるべきことを明確に謳っている。安倍総理は地球市民は信用できないようだが、人類がお互いに地球市民であることを自覚し、一つにまとまり、恒久平和を達成することこそが、人類共通の希望であり、国際社会が目指すものである。それは人類が達成すべき最も美しい理念なのである。

欧州市民

国を超えた統合の例としては、28ヶ国からなり5億人の人口を抱えるヨーロッパ連合（EU）があるが、EUは、「欧州市民」または「ヨーロッパ市民」という意識を養成する施策を次々と打ち出している。私は1992年（平成4年）にEUのVIPプログラムで家内とともにEUに招待され、EU5ヶ国を視察し、EU議会の議員をはじめEU関係者と親しく話し合ったが、彼らが口を揃えて言ったのは、EU域内の人々が、ドイツ市民、フランス市民という前に、私は欧州市民だと名乗る社会ができたときにEUの理念が達成されるのだということだった。安倍総理は、この欧州市民も信用しないのだろうか。

人類共生こそ美しい

また現在、世界的に大きな問題となっている難民問題を考えると、安倍総理の国と国籍にこだわる考え方は、あまりにも視野が狭いと思われる。ＥＵ諸国には数百万人の単位の難民が中東やアフリカなどから流入しており、その受け入れに反対する加盟国も多く、また移民を排斥する政党が勢力を伸ばすなど、政治的な問題にまで発展している。そして国籍にかかわらずすべての人々の人権を尊重することを方針としているＥＵは、その理想と現実のはざまで苦慮している。日本にも毎年１０００人を超える難民が流入しているが、日本政府はそのごくごく一部しか難民認定をしておらず、国際的な非難が高まっている。我々日本人も、国際社会の責任ある一員として、難民問題に人道的な対応をすべきである。そのようなときに「地球市民は信用できない」あるいは「自分たちの帰属する場所とは自らの国をおいてない」と一国の総理が強調するのは、難民など自分の国を追われたこれらの不幸な人々に対してあまりにも思いやりのない言葉である。それは今国際社会で広く認められている人類の「共生」という美しい理念にそぐわないのである。

多民族国家日本

日本は今、急速な人口の減少という問題に直面しており、このままでは労働力の不足から経済は委縮し、介護も保育も維持できない状態に落ち込むことは明らかである。それでも政府は、移民は入れないという時代遅れの政策に固執して、国際協力の美名のもとに「技能研修生」を低賃金で働かせ、国際社会から新たな奴隷制度だとして非難されている。そうした姑息で近視的な政策を改め、日本の将来のために、積極的に日本の国際化と良質な移民の導入を図らない限り、日本は経済大国としての地位を失うだけでなく、国際社会から落ちこぼれていくだろう。

我々が忘れてならないのは、日本の国は土着の縄文人だけが作ったのではなく、中国や朝鮮半島からの渡来人または帰化人、あるいはアイヌ民族などの参加の下に作られた多民族国家だということである。しかも最近における研究によれば、日本人のDNAの8割が渡来人なのである。そしてそうした融合が今の日本人を作り上げたのだ。それを考えれば、少子化のこともあり、難民を含め、人種、国籍を問わず優れた人材を積極的に受け入れることこそが、日本の将来に役立つことであり、美しい人道的な行為ではなかろうか。

人権後進国日本

我が国による人権問題への取り組みが、先進国の中で最も遅れていることは周知の事実である。最近でも国連の女子差別撤廃委員会が、女子差別撤廃条約の実施状況についての最終報告書で、最高裁判所が合法とした夫婦同姓について「実際には女性に夫の姓を強制している」と批判し、最近6ヶ月から100日に短縮された女性の再婚禁止期間についても「女性に対してだけ特定の期間の再婚を禁止している」として禁止期間の廃止を求めている。日本はまた、国際人権規約で定められた、人権を侵害された個人が、人権保護の実施機関に通報する権利を定めた「個人通報制度」を批准していない唯一の先進国である。人権を尊重しない国がなぜ美しい国になれるだろうか。

パートナー制度

夫婦同姓制度や再婚禁止期間といった女性の権利を無視した制度は早急に廃止すべ

きである。またもし本当に少子化問題を解決したければ、日本への帰化を希望する優秀な人材を国籍を問わず受け入れ、日本国籍を与えるべきである。またフランスなどで出生率が比較的高いのは、結婚していない男女がパートナーとして子育てをすることを公認しているためともいわれる。フランス大統領をはじめ多くの有名人がパートナー関係で結ばれ、その子どもたちが何らの差別も受けずに社会に受け入れられているのに、日本政府はいまだに家という古い考えを捨てきれず、結婚しなければ子どもを産めない社会に固執している。いろいろな事情で結婚はしない、またはできないが、子どもは欲しいという人は大勢いるのであり、それらの人々の人権を無視して、婚外パートナーを認めない政府の偏狭な姿勢こそが、少子化の一因を成しているのだ。

保育園は育児問題の最終解決ではない

政府の人権意識がいかに低いかは、一億総活躍という戦時中の一億総動員を思い出させる政策を打ち出し、女性たちへの負担を軽減する制度的なセーフティネットも整備せずに、人手不足の解消のため女性の労働力を利用しようとしていることに表れている。それこそが家庭を破壊し、少子化を加速させていくのだ。１９５９年に採択された子どもの権利宣言は、その原則６で、「子どもは、人格の全面的かつ調和のとれた発達のために、愛情および理解を必要とする」とし「幼児は、例外的な状況を除き、母親から分離されてはならない」と規定している。我々は、母親が、仕事と育児を両立できるような基盤整備もしないまま一億総活躍の名で女性を働かせる政策が、子どもと母親の人権の侵害になっていることを認識しなければならない。幼児は、人権として両親とともに過ごしてその愛情を享受する権利があるのであって、幼い子どもを母親から引き離して託児させ、母親を働かせること自体が、人権の侵害なのだ。幼児期に親の愛情に包まれ、親とのボディコンタクトが多いことが、子どもの脳と感性の発達に必要なことは、医学的にも証明されている。この相互の愛情が最も強まる時期に親子を引き放せば、子どもに情緒的な問題をもたらし、長期的には、次の世代にダメージを残しかねないのだ。

保育士は母親の代わりにはならない

「保育園落ちた日本死ね」という匿名のブログに慌てた自民党は、待機児童問題の対策チームを作ったそうだ。当面の対策として待機児童をゼロにするのは当然として、長期的に見れば、子育てと仕事を両立させる問題は保育園の増設で解決できるものではないのだ。保育士は、母親の代わりにはならないのである。子どもと母親は、できる限り一緒にいるのがよいのであって、生活のためにやむを得ず働かなければならない女性には、児童手当の大幅な増額によって母親がパートをせずに育児に専念できるようにするのが理想的な解決方法である。それでは金がかかりすぎるというかもしれないが、保育園を作り、保育士を雇う費用のことを考え、また有能な働き手である保育士たちが、他の仕事に就労できることも考慮に入れれば、そこで節約される金額と、子ども手当の増額にかかる費用とがあまり変わらない可能性があるのだ。また所得格差の拡大を放置する政府の政策が、パートをせざるを得ない母親を生み出していることを忘れるべきでない。

政府の無為無策が招く少子化

一方政府が母親たちを単なる労働力として動員するのではなく、男子と全く同じ条件で社会で活躍させたいなら、託児などという安易で有害な方法ではなく、労働時間の大幅な短縮と、男性に対する子育てと家事への参加の義務付け、両親に対する長期（最低でも各2年間）の有給の育児休暇制度の法制化、働く時間を自由に選べるフレキシタイム制度の導入、インターネットやテレビ電話を活用した在宅勤務の奨励、子どもの面倒をみる祖父母などの親族への育児手当の支給、オーペア（ベビーシッター）制度の整備、妊娠中の女性に対する妊娠休暇制度の導入といった、すでに欧米の一部の国が実施している抜本的な対策を導入し、育児と仕事を両立させる環境を整えるべきである。保育所は、他に方法がない場合に両親の意向によって選ぶ次善の手段であり、待機児童ゼロは当面の仮の方策なのである。少子化は、民族の存続にとって死活の問題である。そしてこのように打つべき手はいくらでもあるのに、それを検討もしない無為無策の政府の姿勢は、なんとも歯がゆい限りである。その怠慢さは政府が男女平等に対する配慮を欠くことから生じているのだ。

権利が無視される国日本

私は長い海外での生活を通じて、日本と先進諸国の人権意識、特に権利についての意識がいかに違っているかを痛感した。私が1974年（昭和49年）にユネスコ・パリ本部の人事官として、文化局の職員や事務局長官房など350人の職員の人事、厚生、福利を担当したとき、最初の日にした仕事が、有給休暇を半分以上消化していない職員とその上司を呼び出して、審査することだった。ユネスコでは、全職員に年間30日間の有給休暇と、20日間の有給の病気欠席が与えられているが、それは健康と文化的な生活を保持する職員の権利を保障するためと、十分な休養を与えることが職員の生産性を上げると考えるためである。そうした考え方から、病欠を有給休暇に振り替えることは認めない。しかし仕事が忙しいのはどこも同じで、職員の中には忙しさから有給休暇を取り残す者もいる。そして私の仕事は、なぜ有給休暇を消化し切れなかったかを究明することで、結論は、総会などの特別の事業が入ったときは別として、職員の能力が不足して期間内に仕事を消化できないのか、上司が仕事の配分を誤って過剰な仕事を当該職員に割り振ったかの二者択一である、もし前者なら職員の勤務評定にマイナス点が付き、もし、後者なら上司の勤務評定にマイナス点がつくのだ。同じような審査が、時間外労働についても行われる。

有給休暇は権利である

これを日本の状況と比べてみよう。わが国においては休暇は権利でなく恩恵と考えられ、ほとんどの職員がそれを完全に消化するのをためらっている。時間外についても同じで、いわゆるサービス残業がはびこり、それを強制するブラック企業だけでなく、大手の企業でも当たり前と思われている。私が勤めた文部省、文化庁でも、予算時期ともなれば午前様は当たり前で、残業時間は月間150時間を超えることも多く、それに対応した残業手当も出なかった。これは職員の人権を無視した悪しき慣習であるにもかかわらず、法務省人権保護局のような人権擁護機関も黙認していることは、日本の人権意識の低さの象徴である。また第17章で詳しく述べるように、政府は、定年退職制度という人を年齢で差別する制度は、アメリカやイギリスなどでは人権侵害であるとして法律で禁止されているという事実にも目をつぶっている。このようなことでは、本当に幸せで美しい国などできようもない。

第十二章　歪んだ経済

さて、いよいよ現代人の関心が最も強い経済について考えるときがきた。

貧しいことが不名誉になった国日本

ザビエルが描いた日本人と現代の日本人との一番大きな違いは、当時の武士もそれ以外の人々も「貧しいことを不名誉とは思っていない」という点である。現代の日本は経済至上主義社会であり、ほとんどの人が富の蓄積と消費の増大を最大の関心事としている。経済とは語源的にはギリシャ語の家計のやりくりと節約からきたのだが、その意味は今では完全に忘れられ、かつては美徳とされた清貧や節約は軽蔑の目で見られ、それに代わり強欲と贅沢が憧れの的となっている。その結果本来は人々の生活の向上が目的であった経済活動は、今やその成長自体が目的となる。そして企業は飽くことなく利潤の増加を図り、政府は経済の量的な拡大を国家の最大の目的として掲げ、人々は国と企業に洗脳され、経済的に豊かになることが幸福への唯一の道だと思い込み、すべてを犠牲にして金を稼ぎ、ローンを組み、消費を増やそうとする。現代の日本では貧しいことは最も不名誉なことなのである。

人間の価値を決めるのは富ではない

この経済至上主義が生んだのが、富の多寡が人間の価値を決めるという歪んだ考え方で、今やそれは世界中に蔓延している。その結果人々は少しでも他人より金持ちになろうとする。そこで重要なのは自分がどれだけ収入や資産があるかではなく、他人と比べてどれほど豊かかである。仮に年収が５０００万円ある裕福な人でも、1億円を稼ぐ人がいると自分は貧しいと考え、不幸だと感じる。同様にそれなりの収入があり安定した生活をしている一般の人々も、一部の金持ちを見て、自分が貧しいと感じ不満を持つ。こうして限度のない富を求めての競争が始まり、人々から物質的な満足を永久に奪い取る。その結果ほとんどの人は、経済的に恵まれていても不幸になる。こうした不満を解消するため、富のパイを増やす経済成長が神聖な目標となり、限られた地球の資源は浪費され、環境は破壊され、温暖化など気象は変調になり、それでいて格差は拡大し、人々の不満はますます増大する。大企業は巨額の利益を上げながらそれを利潤を生んだ功労者である従業員の賃上げに回すのでなく、今や３６５兆円と推定される巨額の社内留保金として死蔵し、株家だけが儲け、中小企業は相も変わらぬ火の車の経営を強いられる。一方では子どもの貧困化が進み、一人親家庭はどん底の生活を強いられ、老人は下流化する。一体このような経済のどこが美しいのか。世界の富豪62人の資産が、貧しい36億人の人々の資産と同じだということが報道されたが、これは不条理であるばかりか、グロテスクですらある。

薄氷を踏む各国の経済政策

今日世界の経済は、表面上それなりの成長を見せてはいるものの、内実は極めて不安定である。それでも多くの先進各国は、経済成長と物価の上昇を政策の柱と掲げ、その達成のために財政赤字をさらに増やし、金融緩和で金を垂れ流し、果てはマイナス金利という不自然な金融政策まで使って景気のテコ入れをしようとしている。そのような無理な経済政策が長続きしないことは明白であり、中国経済の急激な悪化でもあれば、金融・財政政策の手札を使い切った先進各国は手の打ちようもなく巻き込まれ、未曽有の経済的混乱を招きかねない。もしそうなれば、経済に囚われていた人々の精神は崩壊し、１９３０年代の世界大恐慌のときのように、ナチズム（国家社会主義）や共産主義、日本の軍国主義のような極端な思想が台頭しかねないのだ。

正体の見えたアベノミクス

そうした綱渡り的な経済運営の典型が、安倍政権の経済政策であるアベノミクスである。それは、すでに危険レベルをはるかに超えた累積財政赤字を無視したばらまきの財政出動と、日銀の大量の国債買い上げによる金融緩和が中心である。しかしその成果と称する一時的な円安株高は、要はアメリカや中国などの海外経済の動向を反映していただけで、アベノミクスが生み出したものではないことはすでに露見している。

安倍総理が声高に主張する三本目の矢はいつまでたっても放たれないし、もしそれが日銀によるゼロ金利の導入だとしたら、最近の円高、株安傾向から見て効果のないことがすでに判明している。そう考えると、今必要なのはアベノミクスという砂上の楼閣によって歪められた経済の正常化である。資本主義経済はいわゆる神の手によって動くコントロール不能な市場経済であり、政府の意向通りになるものではないことを悟るべきである。

経済成長の限界

問題は、好むと好まざるとにかかわらず、今後は消費の野放しの増大は不可能になりつつあることだ。近い将来世界の人口が100億人に達し、その80%を占める途上国や後進国の人々が、先進国並みの生活水準を求めるとしたら、資源は枯渇し、環境が破壊されるのは避けられない。飢えと貧困に苦しむこれらの人々の窮状を救うためには、先進国の経済発展の速度を落とすしか道はないのだ。しかし富の蓄積と消費の増大をすべてに優先してきた人々にとって、経済の停滞は大きな不満を巻き起すだろう。各国の政府もそれを知っているからこそ、無理を承知で経済成長策を止められないのだ。

第十三章　経済が歪んだ理由

経済は美しかった

ここで明確にしておくべきは、筆者は現代の経済至上主義を批判はしたが、経済という行為そのものは決して醜いものではないことである。18世紀の中葉から始まった産業革命は、経済活動の急速な拡大をもたらし、今日の経済発展のきっかけとなった。特に第二次大戦後の先進国における経済は、目覚しい発展をとげた。イギリスの経済学者ジョン・メイナード・ケインズがその主著『雇用・利子および貨幣の一般理論』で、国の財政出動などによって有効な需要を生み出すことで不況を克服し、経済の継続的な成長を可能にすることを主張した。彼のこの経済理論は多くの資本主義国によってその政策に取り入れられ、ケインズ革命ともいわれる未曽有の経済発展を可能とした。

その恩恵によって、１９３０年代の世界大恐慌の傷跡も完全に治され、人々の生活水準は向上し、新しい産業や技術の発展をもたらし、人々の健康状態や栄養状況も改善し、平均寿命も大幅に伸びた。それはすべて経済の功績であり、経済は美しかったのだ。

経済を歪ませた要因その１ —資本主義倫理の崩壊

ではその美しい経済がなぜ歪んでしまったのか。理由は３つある。その一つが資本主義倫理の崩壊である。19世紀から20世紀の変換期に活躍したドイツの社会学者マックス・ウエーバーは、資本主義の特質は、宗教改革を実現したプロテスタントの高い倫理観に支えられた市民経済であると主張した。プロテスタント倫理とは、ローマ教皇の権威の下で腐敗した教会に反抗し、神の前ではすべての者が平等であり、信仰は理性と個人の判断によるべきだとする啓蒙思想である。そして経済も同じく、神の祝福の下に市民が自発的に行う経済活動だとしたのだ。しかし今や世界最大の自動車メーカーフォルクスワーゲンによる排気汚染の偽装や、世界の金融界を混乱に陥れた巨大金融会社リーマンによる放漫融資、また日本の家電最大大手東芝による粉飾決算などなど、ありとあらゆる不正が横行しており、ウエーバーの唱えた資本主義の倫理などは、もはや死語になり、その結果、健全な企業精神はすたれ、金が儲かりさえすればよいという強欲資本主義が横行している。

経済を歪ませた要因その2 ―死の現実からの逃避としての経済

資本主義が変調をきたした第二の理由は、産業革命以来の経済発展は、単なる経済現象ではなく、社会における宗教の影響が弱まったことなどから起きた心理現象であることを、ケインズを含む経済学者や経営者が気付いていなかったことである。彼らも経済については正しく理解し、的確な対策を立てたものの、人々が経済に求めているものが単なる物質的な豊かさだけではないことに気付かなかった。それが人間の、他人より優位に立ちたいという自然が与えた権力志向であり、死の現実からの逃避である。すべての生物は、自然の定めで生きることがその存在の目的であるのに、人間だけはその優れた知能ゆえに自らの死が必然であることを知ってしまった。人は生きるという目的と死の必然との板挟みとなったのだ。そしてその絶対的な恐怖から逃避するために、物質的な豊かさに逃げ道を求めたのだ。近・現代の経済発展はこうした人間の絶望が生んだのだ。これが私が主張する死の現実からの逃避としての経済である。

こうして精神の空白を埋めるため、人々は絶え間ない物質的な満足とそれがもたらす興奮と忘却を追い求めるようなった。ちょうど一人寂しく留守番をしている子どもが、寂しさを忘れるためにお菓子を食べ散らかし、おもちゃ遊びに夢中になるように、死の現実から逃れたい人々は、新しい家、新しい車、新しい家電などを、必死に追い求めるようになった。これこそが経済の飛躍的な拡大と発展の真の理由である。そしてそれに追い打ちをかけたのが、自然が人間の本能に組み込んだ、他人より優位に立とうとする権力欲である。それを理解しない経済学者や政治家は、所得がある程度上がれば人々は満足し、経済も安定化すると考えた。しかし麻薬患者が現実から逃避するように、経済に逃避を求め、経済依存症になった人々の欲望はとめどなく拡大し、さらに他人より優位に立ちたいという権力志向が、果てしない富を求めての競争を生み、人々を無限の物的欲望へと駆り立てる。こうして富と消費を求めての尽きることのない競争が始まったのだ。

経済を歪ませた要因その3 ―予想外の途上国の経済発展

経済が歪んだ今一つの理由は、経済人や政治家たちが、それまで先進国に抑えられ貧しい暮しを強いられていた途上国や新興国の人々の能力を軽視し、彼らもまた先進国の人々と同じようによい生活を求めていることを無視してきたことである。しかもこれらの国の人口は急激に増大し、今世紀末には世界の人口の8割に達するとみられている。これまで経済を独占しその成果を享受してきた先進国の人々は、経済の面で追い上げられただけでなく、これまであまり表面化しなかった環境の地球規模での破壊や大気の汚染、水不足、そして気候の急激な変化の可能性に否応なしに気づくこととなる。これらの問題は、経済発展が先進国に限られている間は緩慢にしか進行せず、実際の脅威となるのはまだ遠い未来のことだと思われていた。それが巨大な人口を持つ貧しい国の人々が経済活動を活発化し、消費を急速に拡大したことから、今そこにある問題になったのだ。

もし先進国がもっと早くこうした変化を予測していたら、今までの大量生産・大量消費の経済を改め、本来の経済の姿である節約経済に切り替えていただろう。しかし先進国は、経済の無軌道な発展と、必要以上の贅沢という悪しき例を作ってしまい、今や途上国が同じモデルを目指すことを抑えられなくなってしまったのだ。

無限に増大する慾望

それではどうすれば人類の経済活動を正しい軌道に戻せるのだろうか。繰り返して言うが、今日の経済を動かしているのは物質的な必要ではなく、人々の死からの逃避と、他人より優位に立ちたいという欲求という心理的な要因だということである。人々が物を買い漁るのは、多くの場合それが必ずしも必要だからではなく、消費することが社会的地位の象徴と考えられるからであり、買うこと自体がもたらす快感と興奮によって死の現実を忘れるためである。そして人々が働くのも、仕事に生きがいを感じているからでも、働かなければ餓死するからでもなく、働くことで迫りくる死の影を思い出す時間をなくすためと、稼いだ金でさらに消費を増やすことである。残念ながらこれまで、どの経済学者もこの経済の心理的な要因を指摘してこなかった。理由がわからなければその問題を解決する方法も見つからないのは当然である。こうして人類は、無限に増大する人々の欲望と、それを利用してあくどく儲けようとする企業などに振り回され、今や母なる地球を破壊しようとしているのだ。

足るを知らざれば貧し

今必要なのは、所得の均衡化であり、職の確保と安定であり、発展途上国の貧しい人々に貧困から脱出する余地を残すため、先進国が経済発展を控えめにすることである。また人々に、この世には金銭では買えない幸せが山ほどあり、富は人間の価値とは無関係なことを知らせることである。そして「足るを知らざる者は富むといえども貧し」（欲にとらわれ、満足することを知らない者は、多くの財産を持っていても精神的には貧しいままである）という仏遺教経の言葉をかみしめ、ザビエルがいみじくも言った、「貧しいことを不名誉だと思わない」文化を再建することである。それこそが経済の好不況に振り回されずに日本の経済が美しさを保つ唯一の道なのだ。

第十四章　美しい創造経済

超長期経済政策

日本だけでなくＩＭＦやＥＵの経済政策をみても、現在我々が直面しているこの不自然な経済政策が作り出した迷路から抜け出る方策は見えてこない。そこでここでは永遠志向の思想に基づく私独自の経済観と、それに沿った将来の見通しを述べることにする。それは経済についての全く新しい考え方であり、本書の限られた紙面では意を尽くすのは難しいが、理解してもらえるよう最善を尽くすとして、もし不明な点があれば、巻末の「参考」で要約した近々出版予定の『死の超越―永遠志向社会の構築』の経済に関する部分を読んでもらうしかないだろう。それはアベノミクスのような短視的な経済政策ではなく、数百年先の人類のあり方を見据え、世代単位のタイムスパンで考えた超長期的な経済への対応である。

節約経済への移行

量的成長だけを追求する経済が実際にいつ終焉するかはこの段階では確定できないが、精神的空白を物質的な豊かさで紛らわす時代が終わったら、次にくる経済はどのようなものになるかを考えてみよう。現在は、富の蓄積と消費の拡大を意味する経済という用語が、もともとは家計のやりくりと節約を意味していたことはすでに述べたが、新たな経済のあり方が、その本来の意味に戻る可能性がある。そこでは経済は、富の集積と消費の増大から、生活の質の向上と資源の効率的な活用に重点が置かれることとなる。今日の経済がこの本来の意味から外れていることは明らかである。ガソリンをがぶ飲みし二酸化炭素をまき散らす自動車を遊びに使い、流行だからといってほとんど着もしない洋服を買って洋服箪笥を溢れさせ、過剰な栄養を摂取して肥満に悩み、今度はやせるためにサプリを買いあさり、まだ食べられる食品を賞味期限が切れたからといって捨て、まだまだ住める家を壊して新築し、見栄からブランド商品を買い込み、カニや、フォアグラや、大トロ、霜降り肉、ウナギといった贅沢な食材を追い求める今の消費のあり方は、経済的に問題があるばかりか、まだ水準以下の生活にあえぐ人々が大勢いることを考えれば、人道的、道義的にも許されることではない。しかもそうして得る経済の量的拡大は、人々を幸せにするどころか、大幅な所得の格差をもたらし、かえって不満を増大させる。特に害が大きいのは、富や消費の多寡で人の価値を決めるという間違った考え方である。もしこうした誤りに気付きさえすれば、経済は形を変え、歪んだ経済は自然と正しい道に戻るだろう。

経済を人の手に取り戻す

もしこのことに気が付けば、節約経済が長期的には大量生産、大量消費の経済よりも正しい道で、しかもより充実したものであることが理解できるだろう。そして人々の経済感覚は大きく変わり、使う資源を最小限に抑えながら、生活の質を高めることが、人々の最大の関心事となる。そうしてすぐ壊れるような安もののがらくた商品は姿を消し、商品の質と耐久性が評価の基準となる。それはまた経済活動をより建設的な方向へ向かわせる。そして人々の関心は、富の蓄積や浪費から、助けの必要な人々への援助や、都市の美化、環境保全、宇宙開発、教育、芸術文化などに向かうだろう。このような節約経済の導入は、今の消費経済からの移行についてこられない企業の倒産などで、不況を引き起こすかもしれない。それはまた、古い経済観念を捨てきれない人々の不満と挫折感を加速させ、政治的、社会的な緊張を生み出すだろう。しかし富と消費がすべてという心理から解放された人々にとっては、不況は今の経済の囚われ人が考えるほど苦痛ではないだろう。

一言で言えばそれは、これまで人間を支配してきた経済を、人間の手に取り戻すことである。

日本は節約経済社会だった

このような経済感覚が一般的になれば、日本の伝統である「もったいない」という言葉が復活し、よい物を長く大切に使うことが当たり前となる。日本人はこの節約経済をとうに実践していた。1776年（安永5年）に長崎のオランダ商館長フェイトに随行して江戸に上ったスウェーデンの医学者C・P・ツュンベリーは、『江戸参府随行記』で日本の節約経済社会を次のように描写している。

「節約は日本では最も尊重されることである。それは将軍の宮殿だろうと粗末な小屋のなかだろうと、変わらず愛すべき美徳なのである。節約というものは、貧しい者には自分の所有するわずかな物で満足を与え、富める者にはその富を度外れに派手に浪費させない。節約のおかげで、他の国々に見られる飢餓や物価高騰と称する現象は見られず、またこんなにも人口の多い国でありながら、どこにも生活困窮者や乞食はほとんどいない。」（高橋文訳、平凡社、1994、p.223）

この記述からうかがえるのは、当時の日本人が節約を美徳とし、それによって人々が貧しいながらそれなりに満ち足りた生活をしていたことである。日本が節約経済社会だったことは、他の多くの外国人も証言している。

節約こそが贅沢

現代の日本人が理解しなければならないのは、ものは新しいほどよいという考え方が誤っていることである。下世話に、「畳と女房は新しいほうがよい」というが、私は何があろうと気心知れてお互いに信頼し合っている今の古女房を新しい女房に変えるつもりはない。それは冗談として、家であれ、服であれ、靴であれ、古いものを使うのは恥ずかしいと考えるのは、物の価値を知らない者のすることである。本当によい物とは長年使い慣らし、自分の体の一部のような愛着を持ったものである。

ヨーロッパでは、経済的に余裕のある人は、コートや帽子、かばん、靴などは、手造りの品を特注し、それを修理しながら一生使いこなす。そしてそれがプレステッジにつながるのだ。安くて新しいものを買うのは、よいものを買えない経済的に余裕のない人である。私が二つ持っている皮の書類カバンの一つは50年、もう一つも45年使い続けているが、今でも新品と変わらぬ美しさを保っている。またミラノで買った靴は25年間修理しながら履き続け、ついに皮が破れ買い替えたが、捨てるときはまるで旧友と別れるような気がした。雨傘も同じものを30年使い続けているが、分厚い混紡の絹地でできたこの傘は、いささかも傷んでいない。私の知人は、雨が降るごとにコンビニで５００円の安もののビニールの傘を買い、２、３回使って捨てているが、それを25年続ければ私の美しい傘よりもはるかに高くつくことになる。日本のことわざにある「安物買いの銭失い」とはよくいったものである。

フランス人は10着しか服を持たない

また多くのヨーロッパの女性たちは、服を選ぶとき時間をかけて自分の個性にあったものを買い、流行などには惑わされず、一生それを着回す。ジェニファー・L・スコットの『フランス人は10着しか服を持たない』という本が売れているようだが、ユネスコで私の秘書をしていたパリジェンヌは、まだ20代のなかなか魅力的な女性だったが、一緒に仕事をした4年間、ほとんど新しい服は買わず、同じ服を着回ししていた。それでいて、スカーフやアクセサリーを上手く使って変化を持たせ、いつもおしゃれに見えた。お金がないからではなく、今着ているものが自分に一番似合っていることに自信を持っているからだ。スコットの言っていることは本当なのである。ただし、フランスは気候の変化が少なく真夏でも冬服を着られるのと違い、季節ごとに衣装を変える必要のある日本女性の服の数が多いこと自体は、当然である。

古いものはよいもの、よいものは古いもの

私はまた古い絵や古美術品が好きだが、私が古いものに興味を持つのはこうした時代を経たものは、今新しく作られたものでは絶対に出すことのできない重みと風雅さがあるからだ。そして消費財である高級車を買うよりは、心を満たしてくれる古くて美しいものの方が欲しいからである。ヨーロッパの人々にとってはこうした美術品や古い時代の家具や調度に囲まれた生活こそが最も贅沢な生活なのだ。パリやワシントンDCでは、古い街区ほど高級とされていることは第4章「美しい町並み」で触れた通りである。長期的に見るなら、よいものを古くなるまで大切に使った方が安ものを買ってすぐ捨てるより経済的でもあり、環境にも優しいのだ。

これらの例からわかるように古いものはよいものであり、よいものは古いものであって、節約は最高の贅沢なのである。

退屈な労働

これまで触れてきたような経済についての考え方が変化すれば、人々の仕事に対する考え方も大きく変わってくる。近代以前の労働は、農業や漁労など、自然からの恵みを受け、人の生存を維持するためのものであった。それは肉体的には厳しいが、自然と一体になったやりがいのあるものだった。それに対して現在では大半の仕事は、工場や事務所、そして商店などで働く商工業か情報・サービス産業になっている。労働の対価はかつては考えられないほど高額になったが、仕事の内容に関しては、大抵の場合退屈で、やりがいのあるものは少なく、労働意欲は低くなり、働く人は退屈に耐えただ賃金だけのために働き続ける。今や死からの逃避を富と消費に求め、経済依存症になった人々にとっては、富と消費の増大だけが生きがいとなり、経済の奴隷となって、ただひたすら働き、物を買い続ける。それでも死の現実を思い出しそうになると、自主残業をし、さもなければ帰りに居酒屋によって酒を飲んで思考を混濁させ、時間をつぶす。

なぜNEETか

しかし消費経済が終焉を迎えれば、金を払えば人々を働かせられる時代は終わりを告げ、皆が仕事に人としての満足と意義を求めるようになる。昨今学業にもつかず、仕事もしない若年無業者（NEET-not in education, employment or training）が増えているといわれるが、彼らは怠け者なのではなく、やりがいのある仕事が見出せないのかもしれない。ただ金を稼ぐために就職し、惰性で仕事をし、家に帰れば虚脱状態でテレビの前に座って過ごす父親を見れば、若者が同じ道に進みたくないと思うのはわかるような気もする。

労働の創造化

現代工業社会の典型であるオートメーションによる大量生産方式は、チーム全体として巨大な生産力を発揮する画期的なしくみではあるが、それは同時に、仕事から創造性を奪い、勤労意欲を減退させる。これを同じ集団行動であるオーケストラの場合と比べてみよう。オーケストラもまた集団的な活動であることは、工場生産と同じである。しかしオーケストラの場合は、演奏は個々の演奏者の個性と自我の発露である。演奏者は演奏の全体を把握し、自らの美的感覚にしたがって演奏し、それを指揮者が一つにまとめていくのだ。彼らは創造者であって、一般の労働者のようなオートメーションの歯車ではなく、そこには自らの達成すべき目標があり、労働にありがちな倦怠感はない。

創造経済においては、このオーケストラの場合のように、創造の追求が、職種を問わずあらゆる分野で抑えることのできない流れとなるだろう。産業用ロボットなどの生産過程への導入も、労働者を単純労働から解放し、創造的労働への流れを加速する。働く目的が消費を維持するための賃金だけでなくなると、人々が次に求めるのは生きがいであり、働く意義である。こうした意欲を持つに至った人々は、金や地位のためだけに働くことは拒否するだろう。このような新しい労働意識を持つようになった者は、生産ラインの単純な労働や、巨大な組織の中での管理された仕事を嫌い、組織の中に自分を埋没することを拒否する。その代わりに、自分の創造意欲を満たし意義を見出せる仕事なら、全身全霊を打ち込むことになるだろう。それは個人の全能力を自発的に引き出し、労働を嫌々なものから、興奮と期待に満ちた創造活動へと昇華させるのだ。もし企業がこれからも生き残りたいなら、何を差し置いても働く人々が個性を発揮でき、創造意欲を満足させる場を提供するしかない。それは職業（profession）を天職（vocation）に変えることである。それに成功した企業は発展し、失敗した企業は消え去るのだ。

宝物の生産

労働の創造化は、生産活動に従事する人々の関心を、すぐ壊れるような安ものの商品の生産から、より高度な長持ちする商品の生産に向かわせる。生産者から見れば、自分の生涯を越えて長く使われる商品が理想的な商品なのだ。それはがらくた消費財の生産を、財という字が本来意味する宝物の生産に変えることである。今日では長持ちするものを修理しながら使い込むよりは新しいものを買った方が安くつき、それがまた消費の増大につながることから、多くの消費財が使い捨てを前提に生産される。しかしかつての節約経済社会では、より長持ちするものがよい品だとされ、世代を超えて受け継がれる住宅や、家具調度品、そして衣類でさえ次代に引き継がれる長持ちするものが作られていた。これこそが創造経済であり、それはまた環境にやさしい経済でもある。

エコな町江戸

東京を発掘調査している考古学者が口を揃えて感嘆するのは、江戸時代の地層からは、出土品が極めて少ないことである。当時の一般の庶民は、衣類は古着を買うのが通常でそれが着られなくなると、使えるところを使って子どもの着物にし、それも使えなくなると雑巾や赤ん坊のおしめに使い、さらには下駄の鼻緒に使って、全く残すものがなかった。また陶器類も、欠ければ何度も金継ぎで修理して使い、鍋釜などの金物も穴を修理して長く使った。家を新築するときも、古い家屋の古材を再利用するのが当たり前だった。ほとんどの人々が手ぬぐいを持ち歩いたが、それは顔や手を拭くためだけでなく、道に落ちている木片や捨てられた草鞋など、かまどで燃やせるものを拾って持ち帰っていたのだ。その結果、江戸は発掘しても何も出てこない、理想的なエコで美しい町になったのである。ごみを山ほど出し、環境を悪化させている我々現代人は、江戸の人々の爪の垢でも煎じて飲むべきである。当時江戸を訪れた外国人たちは道路にごみ一つ落ちていないその清潔さに驚嘆したが、それは特に優れた清掃のしくみがあったからではなく、江戸の人々が落ちているものを全部拾って持ち帰り、再利用していたからである。

新たなビジネスチャンス

長持ちする財の生産を中心とする創造経済は、消費の停滞から不況を招くのではないかと気にする向きもあろう。しかし創造経済は生活の質の向上のための消費まで制約するものではなく、もっと健全な経済を助長するものである。そして創造経済はこれまでと全く違う、新たなビジネスチャンスをもたらす。これまでの消費経済では、主力商品は大量生産された安価な商品であり、薄利多売が求められる。それに対して創造経済では、高品質で長持ちする商品が主流になる。そうなれば当然に商品の単価は上がり、利潤率も高まる。また生産に係る人々も、これまでの賃金目当ての労働者と異なり、自発的に仕事に没頭する誇り高い職人であり、芸術家になり、生産性も上がり、旺盛な創造意欲と自主性を持ってよりよい製品を作るのだ。そして消費者もすぐ壊れる安もの商品を避け、質の高い長持ちする商品を求めるだろう。高品質の商品を作る企業にとっては、飛躍のチャンスとなるのだ。

優れた工芸の伝統

最近、台湾企業による日本の大手家電メーカー「シャープ」の買収が話題となっており、また最大大手の東芝が、不正経理の発覚もあって、事業の縮小を余儀なくされているように、自動車産業を除く日本の製造業は、諸外国、特に中国と韓国との競争で守勢に立たされている。そしてこれからは、インドやインドネシアのような新興国とも競合するのだ。ものづくりを旗印にして世界に雄飛した日本の産業は、今や行きづまっている。しかも少子高齢化の到来によって、もはや日本はものづくりの分野で、豊富な労働力を持つ途上国に対抗するすべはないのだ。しかし他国に先駆けて創造経済を確立すれば、わが国の経済はまだまだ世界のトップランナーの地位を保持できるだろう。

この工芸、陶磁器、金属製品、漆器等の工芸技術に対する称賛は、ほとんどの外国人に共通している。1859年（安政6年）に英国の初代駐日大使として来日したオールコックは、『大君の都―幕末日本滞在記』で次のように述べている。

「総ての職人的技術については、日本人は問題なしにひじょうな優秀さに達している。磁器、青銅製品、絹織物、漆器、治金一般や意匠と仕上げの点で精巧な技術を見せている製品にかけては、ヨーロッパの最高の製品に匹敵するのみならず、それぞれの分野において我々が模倣したり、肩を並べるようなことが出来ない品物を製造できる、となんのためらいもなしにいえる。」（山口光朔訳、岩波文

庫青424―1～3、下巻、1962、p.177）

ブランド大国日本

鍵はここにある。歴史的に見ても最も付加価値の高いものは芸術作品である。一枚のキャンバスが芸術家の手によって無限の価値を生み出すように、創造経済では、商品の中心をなすのは芸術レベルの製品となり、高値で取引されるのだ。そして世界でも最高レベルの工芸美術と繊細な美的感覚の伝統を持つ日本は、伝統的技能の保持伝達と国民の美的感覚の育成、そして高い技能を持った人材の養成にさえ成功すれば、この分野での競争に間違いなく打ち勝つだろう。単なる技術は真似をされるが、天性の器用さと美的感覚を持つ職人の技は、簡単には真似られないのだ。言葉を変えて言えば、日本がブランド商品の一大生産国になることである。それは消費財の生産を、本来「財」が意味していた宝物の生産に変えることであり、環境を壊さない経済活動を展開することである。そしてMade in Japanの産品は、単に機能が優れているだけではなく、高級で、美しく、長持ちするとの評価を確立することである。これこそが少子化からくる人口減少問題を抱える日本経済にとっての生き残る道であり、最も美しい経済なのである。

第十五章　美しい家族

家庭の重要性

家族とは通常同じ家に住み、寝食を共にする血縁関係で結ばれた集団を指す。それはそれ自体が小規模な共同体を成し、そこには他人は介入できないものとされている。家族の姿も、民族や時代によって違ってくる。平安時代の日本では、上流階級は妻は実家に住み続け、夫が妻の家に通う「通い婚」が一般的であったし、西欧ではキリスト教の影響から、教会が介在した結婚という儀式と、聖母マリアを摸した母親像からなる家族のあり方が一般化した。また封建時代の日本は、家長を中心として、分家や親族が加わった大家族制がとられた。今日では、両親と子どもだけからなる核家族が多くなっている。またヨーロッパなどでは、結婚という法的あるいは宗教的な手続きを経ず、愛し合った男女が同棲し、子育てをするパートナー方式が広がっている。そのように様式は異なるが、家族が愛情で結ばれた親族からなり、人の幸せの源泉であり、子育てと子どもの教育を担う人間社会の最も重要で基礎的な単位であることは同じである。

大草原の小さな家

安倍総理は『美しい国へ』の「大草原の小さな家にみる家族」という章で、レーガン大統領が、ベトナム戦争後、ドラッグが蔓延し、学校も家庭も荒れていったのを憂い、テレビドラマの『大草原の小さな家』をアメリカの理想的な家庭の例に挙げ、学校教育と家庭の見直しを進め、そのおかげで家族の価値が見直されたと言っている。アメリカに長く住み、アメリカ人と結婚した姉を持ち、アメリカ人の親族知人も多い私に言わせれば、アメリカの開拓時代の家族などを手本にしないでも、圧倒的多数のアメリカの家族は健全であり、キリスト教に裏打ちされた倫理観を堅持し、日本の家庭以上に固い絆を保っている。問題なのは、格差や差別が生み出した貧困家庭や、離婚などで一人親になった家庭であり、ごく一部のことである。

日本の家庭は立派に機能している

総理はどうやら、日本でも教育と家庭のあり方の見直しが必要だと考えているようである。だが待ってもらいたい。日本の学校も家庭も、いろいろと問題は抱えてはいても、他の国に比べてもはるかに健全である。メディアなどでは、精神的な未熟さや経済的な困窮、そして忙しさにかまけた親が子どもの養育を放棄し、あるいは虐待に走るなどのケースがセンセイショナルに報道され、あたかも日本の家庭は崩壊しつつあるような印象を与えるが、圧倒的多数の家庭は子どもに愛情を注ぎ、家族全体に安らぎの場を確保し、しつけも教え、立派に機能しており、国による見直しなど必要としていないのだ。たとえば、日本では青少年犯罪は、法務省の統計によれば1990年代をピークとして減る傾向にある。特に青少年による凶悪犯罪は、1960年代の8000人をピークとして、2000年（平成12年）には2000人台にまで激減している。アメリカが依然として青少年犯罪の多発に苦しみ、2013年（平成25年）

の青少年犯罪件数が延べ７５００万人に達しているのに比べれば、天と地ほどの差があるのだ。東日本大震災の際、困難な状況下で暴動一つ起こさず整然と対応し、世界中の称賛を浴びた日本人を作り出したのも、日本の家庭教育である。その家庭のあり方を安易に批判するのは、立派な家庭を築いている大多数の人々の努力を無視することである。

家族保護条項

昨今安倍総理を支持する日本会議なる団体が、家族より個人を優先する今の風潮を是正するためと称して、憲法に家族保護条項を入れるべきだと主張している。どうやら彼らは個人主義と利己主義を同一視しているらしい。利己主義は自己の利益や快楽を優先し他人の迷惑を顧みない生き方のことで、自分勝手やエゴイズムの同義語である。一方個人主義は、国家や社会の権威に対して個人の権利と自由を優先させる考え方であり、近代民主主義の根幹であり、全体主義の反対の極にある思想である。それは世界人権宣言でも高らかに謳われ、世界の民主主義国家の共通の理念であって、国、民族、家族の根拠も個人に帰すると考えられている。その個人を軽んじ家族という集合体を優先する考え方は、民主主義を根本から否定する思想であり、日本がもはや欧米諸国と共通の価値を共有しないことを宣言することである。

家族を壊す政治

今生じている家庭の問題の多くは、誤った国の方針によって起きていることを当事者たちは認識すべきである。それが経済的な格差から生じる子どもの貧困化であり、特に第11章「美しい人権」で触れた、母親が仕事と子育てを両立できるようなしくみも作らぬまま、託児という安易な方法でごまかし、一億総活躍という美名のもとに親子を引き裂こうとすることであり、一人親に対する支援を怠っていることである。今政治がやるべきことは、家族のあり方をうんぬんする前に自らの政策を見直し、家庭支援をさらに充実し、両親にとっても、また子どもにとっても、本当に幸せを感じることのできる場にすることである。それには、貧困家庭への子ども手当の増額や、働く両親に変わって子育てをする祖父母に対する養育手当の支給、問題を抱えている両親に対する相談・支援機能の強化、両親に対する最低2年間の育児休暇の法制化、在宅勤務の奨励、労働時間の短縮、男性の家事と子育てへの参加の義務付けなどによって、両親が家庭において子どもも、特に幼児の世話と教育に専念できるしくみを作ることが必須である。残念なことにそうした家庭の機能強化のための抜本的な施策については、政治レベルではほとんど議論されていない。

国の定める家庭のモデル？

私自身、50年喧嘩一つせず連れ添った理解ある妻と、3人の親思いの子どもと「おじいちゃん、大好き」といって懐いてくれる、目に入れても痛くない6人の可愛い孫を持ち、彼らこそ宝物であり、幸福の根源だと考えており、家族の重要性は言われずともわかっている。ところが総理は『美しい国へ』の中で、家庭科の教科書に「家族には多様なかたちがあってもいい」と書かれていることを取り上げ、家族のモデルを提示しない日本の教育を批判し「子どもたちにしっかりした家族のモデルを示すのは、教育の使命ではなかろうか」としている。

これは見過ごすことのできない発言である。人が価値観、考え方、作法、人との付き合い方、そして善悪の見分け方を習うのは主として家庭においてであり、両親からである。こうして子どもは親とものの見方を共有し、同じ人生観を分け合うのであり、これこそが家族の絆である。「親なればこそ子なればこそ」なのである。家庭は両親と子どもがそのあり方をともに築いていくものであって、「人はそれぞれ」というように多様だからこそ価値があるのだ。この親子の絆で作られる家庭は、何物にも勝り美しいのであり、そのあり方を他人にあれこれ言われる筋合いのものではない。国定の家庭のあり方などは、この神聖にして美しい親子の関係に対する冒涜であり、究極的なプライバシーの侵害である。

家庭の不可侵は民主主義の根源である

家族とは何人も立ち入ることを許さない人間にとって最も神聖でプライベートな領域であり、公権力が立ち入るのはもちろん、学校教育でそのあり方やモデルを教えることも、許しがたいことである。家族のあり方は、家族自らが決めることであって、家庭によって違ったしきたりと歴史があるべきである。すべての家庭が国定の「家族モデル」なるものであり方が決められ、公教育で型にはまった家族像を子どもたちに押し付け、金太郎飴を切ったような見分けのつかない人間ばかりになった日本など、考えるだけで寒気がする。もちろんすべての家族がよい家族ではなく、子どもが苦しんでいる場合もあるだろうが、それは育児や家庭のもめごとの相談に乗るＮＰＯや公設の相談所を強化すればよいことである。一国の首相が国定の家族のモデルを学校で教えることを示唆することなどは、民主国家ではあってはならないことなのである。欧米における民主主義の始まりは、「我が家は我が城であり、国王でも許可なくして入ることは許されない」という考え方なのである。その城に、教育に名を借りて国が入り込むのは、民主主義の根本的な理念に反することである。それは人間にとって最も美しい、家族という制度への冒涜である。

明治民法の家父長制度

私がこの点を強調するのは、明治民法の一部を成す家族法で定められた家父長制度の記憶があるからである。そこでは家は国という統治組織の末端としてとらえられ、家族はその家と家長に従属する存在と考えられていた。その結果、妻も子どもも父親の権威に絶対的な服従を求められ、人権すら認められなかった。これが女性の地位の向上を妨げ、子どもの自主性を否定し、国による国民支配の柱となってきたのだ。戦後この家族法は廃止されたが、今日でもその悪影響が残り、子どもは一人前の人間ではなく保護すべき対象で、母親は夫に仕え家庭で家事をするのが当たり前という考え方が根強く残っており、男女平等社会の実現や、子どもの権利の保護を妨げている。その苦い経験から、国家権力を家庭に関与させないことが人権保護の柱となっているのである。

守り継がれる家族の歴史

私が『死の超越――永遠志向社会の構築』で強調した美しい家族のあり方は、家族の過去と未来をつなぐ架け橋となる歴史的な実在としての家族である。家族は愛情と絆で結ばれるだけでなく、家族の歴史を共有し、それを子どもたちに引き継ぐことで、家族という集団を単に一世代で終わるものではなく、未来にもつながる存在にするのだ。洋の東西を問わず、過去においては、家族はそれぞれ歴史を持ち、それを意識し生きてきた。たとえば日本の家族はかつては家系を重んじ、それを汚すまいとして身を正していた。しかし戦後になって核家族が拡散し、家族の過去は忘れられ、自らのルーツを失った人々は刹那的な生き方しかできず、根無し草になる。これが現代人の孤独の原因であり、利己主義を生み出す要因であり、現代人を、自分の利益になるならそれが将来の世代の負担になろうとお構いなしという、利己主義の権化に仕立て上げたのだ。安倍総理も『美しい国へ』第一章「私の原点」で繰り返し祖父の岸信介と父親の安倍晋太郎のことに触れ、そこに自分の原点があることを強調しているが、私の言う家族の歴史は、個人の記憶の範囲にとどまらず、わかる限りの代々の祖先の生き方すべてを意味するのだ。

我が家の歴史

我が家の例をとってみると、私の父方の渡辺家については、残念ながら仏壇にある過去帳以外に記録はなく、父が早死にしたこともあって、明治以前のことについては全くわからない。一方母方の河野家については、正式な家系図が河野家の氏神である大三島の大山祇神社に残されており、古文書も多数保存されている。母の通子の大叔父で、三井大牟田鉱業所医院の院長をしていた河野司馬太氏がその一部を写筆した家系図が私の手元にあるが、それによれば河野家は、代々伊豫国（現在の愛媛県）に居を構え、国司、守護、戦国大名として威を振るった。しかし1585年（天正12年）に豊臣秀吉の四国征伐で伝来の地を追われ、当時丹後（滋賀県北部）を領していた細川家に救われ、一部はその家臣となり、細川家の肥後（現在の熊本県）への移封にともない多くが九州へ下り、明治に至ったとされる。肥後に移った河野一族からは医師を職とする者が多く、祖父の河野徹も東京で医院を開業した。しかし男子が無く、この系統の河野は母をもって断絶した。母は河野の家を再興するため、末子であった私に河野家伝来の「通」の一字を付けて通弘と名付けたが、戦後戸籍法が変わり婚姻か養子縁組以外は姓名を変えることができなくなったため、熊本の河野家の女性と私を見合いさせた。しかしこれは私が関心を示さず破談した。そして今の家内と婚約したとき母は落胆したが、家内の父親と二人の兄弟が医者であることを知り、これで河野の伝統が守れると安堵していた。

細川護煕氏との出会い

私自身、若いときはそうした河野家の歴史にはあまり関心がなく、母の話や、河野司馬太氏そしてその長男で同じく医師の河野司氏などが上京するごとに話してくれた河野家の由来も聞き流していた。しかし永遠志向の哲学の思索を始め、自らのルーツを知ることの重要性を悟ってからは、もう亡くなっていた母や河野司馬太氏の話をもっとしっかり聞いておくべきだったことを後悔し、『河野家大全』などの古文書を読み、河野の歴史と自分を重ね合わせて考えるようになった。

そうしたとき、私は、衆議院議員だった細川護煕氏との知己を得た。彼の清冽な人格に触れることができたのは、私の人生における一服の涼風であった。母から、流浪の身であった河野一族を救ってくれた細川家への恩について聞いていた私は、何とかして細川氏の役に立ちたいと思い、細川家の文物を展示、保存する博物館「永青文庫」の理事を長く務めるなど、できるだけのことをした。そして孫たちにも、こうした河野の歴史を知ってもらいたいと思っている。これこそが、世代を超えた歴史的実在である。

家族の歴史

これからでも遅くはない。すべての人は、自分の生きた記録を家族に残すべきである。そして家族の歴史を築くべきである。それによって次の世代が自分のルーツを知り、自分が過去と未来につながっていることを知るのだ。家族の歴史を忘れた現代人は、自らと歴史との絆を捨て去ってしまったのだ。自らの歴史を知ることは、自らを歴史の実在として考えることであり、死も壊すことのできない自己を確立することである。そして人々は、孤独や人生の無意味さから解放され、永遠の存在になるのだ。

そうなれば今だけのことを考え、子孫を苦しめることとなる環境の破壊や、天文学的な財政赤字のつけを次の世代に押し付けるような無責任な行動はとらなくなるだろう。

家族は美しいが、今だけでなく歴史でつながった家族こそが最高に美しいのだ。

第十六章　美しい教育

教育とは何か

一般的に言って、教育とは人に何かを教え、知識や思考能力を向上させ、心身両面の発達を促す行為である。また自ら自分を教育する自己研鑽や、特殊な能力を身に付ける専門教育なども含まれる。

教育先進国日本

明治以前に日本を訪れた外国人は、口を揃えて日本の教育程度の高さを称賛している。たとえばロシアの海軍軍人で、1811年（文化8年）に国後島で捕虜となり、2年2ヶ月にわたって松前と函館に幽閉されたゴロヴニンは、日本の教育についてこう述べている。

「日本の国民教育については、全体として一国民を他国民と比較すれば、日本は天下を通じて最も教育の進んだ国民である。日本には読み書きのできない人間や、祖国の法律を知らない人間は一人もいない。（下巻 p.30）……日本人は自分の子弟を立派に薫育する能力をもっている。ごく幼いころから読み書き、法制、国史、地理などを教へ、大きくなると武術を教える。しかし一等大切な点は、日本人が幼年時代から子弟に忍耐、質素、礼儀を極めて巧みに教えこむことである。我々は実地にこの賞賛すべき日本人の資質を何度も試す機会を得た。」（井上満訳、岩波文庫青33―421、1943、下巻 pp.87-88）

この称賛の言葉はおそらく武家の子弟の家庭教育を指しているものと思われるが、彼が日本に幽閉されており、本来なら日本に反感を持ってもおかしくないことを考えれば、掛値のないものであることが分かる。

ペリー提督もまたこのように述べている。

「大学や高等学府は京都のほかに江戸にもあり、また長崎にも一つあることが知られている。帝国内に学校がどのくらいあるかはさだかではないが、現状から見て、教育は日本ではけっして軽視されていない。メイラン（長崎出島のオランダ人役人）は、男女ともにどの階級の児童もみな変わりなく初等学校に通わされると報告しているため、日本には、普通学校制度のようなものがあると考えられる。ただし、それが国家によって維持されているかどうかについては言及していない。そこで生徒は、読み書きを習い、自国の歴史に関する初歩的な知識を授けられる。このようにして、非常に貧しい農夫の子どもにも学ぶ機会が与えられているのである。」（同上上巻、p.147）

これらの記述から見て、日本は当時からすでに欧米に匹敵する教育先進国だったことがわかる。

安倍総理の教育改革論

安倍総理はその『美しい国へ』の第七章「教育の再生」で、英国のサッチャー首相による全283条におよぶ「1988年教育改正法」を例に挙げて、かなり詳細に日本の教育、特に義務教育を改革する道筋を述べている。一言で言えばその改革とは、学力の向上や学校の管理運営、生徒指導などを国の監査官が評価する学校評価制度の導入と、ゆとり教育の弊害で落ちてしまった学力を授業時間の増加で取り戻すことと、駄目な教員をやめさせること、ボランティア活動を義務化して学生のモラルを向上させることである。しかし日本の学生の学力は「世界でトップクラスである」ことは総理も認めており、後は、国による学校の管理を強化することと、教員の首切りと、自発的であるはずのボランティア活動の義務化という矛盾した案が残るだけである。国による学校の管理強化については、第二次安倍内閣の下で発足した教育再生実行会議がこの考え方に沿って、これまで行政から独立していた教育委員会を自治体の首長の任命制にし、また教育の最終的な責任は国にあり、国の定めるナショナルスタンダードに従うことを提言している。しかしこれは、政治による教育の支配であり、教育の中立性を根本から覆す提案である。私は日本の義務教育は、まだ改善の余地はあるにせよ、抜本的な改革は必要ないと信じている。

国民教育の悪夢

安倍総理はまた、207ページで、「教育の目的は、志ある国民を育て、品格ある国家をつくることだ」と述べている。これはまさに国民教育的な考え方である。それは1941年（昭和16年）に、国民学校令により尋常小学校と高等小学校に代わり設立された国民学校で、国民を皇道に即して錬成するという考え方に近いものであって、「教育は、人格の完成を目指し、平和で民主的な国家及び社会の形成者として必要な資質を備えた心身共に健康な国民の育成を期して行われなければならない」と定めている教育基本法の第一条で定められた教育のあり方とは異質な教育観である。この教育基本法の精神は、国際連合が採択した世界人権宣言第26条でも確認されている。

第26条第2項

教育は、人格の完全な発展並びに人権及び基本的自由の尊重強化を目的としなければならない。教育は、すべての国又は人種的若しくは宗教的集団の相互間の理解、寛容および友好関係を増進し、かつ平和の維持のため、国際連合の活動を促進するものでなければならない。

安倍総理の教育についての考え方は、民主国家すべてがその基本に据えている人権及び基本的自由の強化を目的とした民主的教育の理念に反するものである。

ナポレオンの教育改革

学校教育制度は、古くは古代ギリシャやローマにも存在したといわれるが、それが国家の主導によって国民教育として整備されたのは1802年のナポレオンによる教育改革に始まり、その後欧米諸国に広まった。今日まで続くリセ（中等教育）の制度も彼が作ったものである。この公教育制度は、それまで教育を受けられなかった一般の人々の子女にも教育を与える上で大きな役割を果たすこととなる。しかしナポレオンが公教育制度を導入したのは、一つにはそれまで教育を独占していた教会から教育の主導権を奪うためであり、今一つは、国民教育によって若者たちに民族意識を植え付け、国民の意識を統一するためであった。

たとえばナポレオンは、ポリテクニック（職業高等専門学校）の生徒に対して、軍服を着用し、隊列行進をすることを義務付けた。このような国民教育によって国民意識を叩き込まれ、愛国心に燃えた軍隊を率いて、欧州列強を次々に打ち破ったのだ。それに対抗するため、ヨーロッパの他の諸国も公教育を導入し国民教育を進めざるを得なかったのである。国民教育は元来強い兵士を作ることを目的とした教育だったのだ。そしてその反動として、ナポレオン失脚の後共和制が復活するまでは、フランスの教育は混乱と停滞を続けることとなる。

多様化する教育

このように公教育は、初めから子どもの自由や個性を否定する傾向があった。1870年にイギリスで初等教育令（Elementary Education Act）が制定されたとき、ハーバート・スペンサーなどの教育者から、学校教育は子どもの希望や性向を無視した権威主義的な教育であるとの批判がだされた。こうした公教育への批判に対応するため、英国では、長い議論を経たうえで、1944年の初等教育令で、公教育による教育の独占を改めるため、初等教育は「学校その他」で行うと定めた。これを契機として教育の多様化が始まり、いわゆるオルタナティブ教育が世界的に広がっていった。

オルタナティブ教育とは、公教育以外の教育を指し、イギリスで上流階級の子弟を教育するために創られたパブリックスクールや、既存の学校教育に飽き足らない教師や生徒が作ったシュタイナー学校、アメリカで1990年ごろから急増している、コンピュータや理科教育に特化し、あるいは落ちこぼれの児童を引き受けるチャータースクールなどでの教育がこれに類する。チャータースクールは、全米で3000校ほどあり、公募型研究開発校とも呼ばれ、教育委員会の認可（チャーター）と公的支援を受けるところが、自己負担を原則とする他のオルタナティブスクールと異なる。さらには初等教育を家庭において両親の責任で行うホームエデュケーションも、アメリカ、イギリス、オーストラリアなどで急増している。教育も時代とともに変わるものであり、このような多様な教育が併存することは、教育の画一化を防ぎ、多様化するニーズに対応する将来の教育のあるべき姿を見出すための実験として、望ましいと思われる。

優れた日本の公教育

しかし大多数の生徒が通うのは、公教育の小中学校であることは変わりない。そして明治以降導入された日本の学校教育は、世界に誇る高い水準を保ってきた。そして終戦後の１９４７年（昭和22年）に、憲法と教育基本法が制定されたのに伴い、戦時中に作られた国民学校は廃止され、学校教育法で、今の小、中、高、大学からなる教育制度が始まった。そのうちの小、中教育は、戦後の冷戦下において、社会主義や共産主義を支持した日教組の影響もあって、いわゆる偏向教育が行われた時期もあったが、それでも日本人生徒の学力は世界でもトップクラスにあり、戦後の教育がそれなりの成果を上げてきたことを証明している。２０１２年（平成24年）にＯＥＣＤ（日本を含む34の先進国が加入する経済協力開発機構）が行った生徒の学力の国際比較において、日本は数学的能力で第4位、科学的能力で第2位、読解力で第4位となり、先進国の中で最高の学力があることが証明された（ちなみに上海がこれら3部門全部でトップに立った）。それなのにその優れた学校教育を、なぜ改革しなければいけないのか。教育を再生するということは、戦前の国民学校に戻ることなのか。もしそうなら現在の学校教育と国民学校教育のどちらが美しいかは言うを待たないだろう。

高等教育の改革

一方安倍総理はどういうわけか高等教育の改革に触れていないが、実は日本の教育が抱える問題のほとんどは高等教育、特に大学のあり方にその原因があるのだ。私は１９８４年（昭和59年）に、Ｅ・Ｊ・カーンの Harvard を翻訳し、『ハーバード――生き残る大学』という表題で日本ＹＭＣＡ同盟出版部から出版した。それは私が、日本の教育のひずみは学力偏重と過度の受験競争からきていると考え、大学の入学試験制度に一石を投じるため、入学試験のないハーバードの入学システムを紹介するのが主たる目的であった。今日東大を頂点としたいわゆる有名大学はエリート校とされているが、今のように学力試験といった人間の本当の能力や価値とは無関係の選抜方式をとる限り、それに勝ち残ってくる学生は、実は判断力も創造性も、また人間性も欠けた凡庸な人物である可能性が強いと考えたからだ。それから30年経った今、教育再生実行会議の提案もあり、文部科学省でも遅まきながら東大をはじめとする国立大学の入試にハーバードの例も参考とした、人物本位の入学試験導入の可能性を検討し始めたようである。最近ノーベル賞の日本人受賞者で、東大以外の大学の出身者が多くなってきたことも、反省のきっかけになったのかもしれない。

過度な入学競争の弊害

特定の教科での点数を基準とする現行の試験制度が問題なのは、自分の子どもだけは有名校に入れたいという親のエゴや見栄と、進学塾などの儲け主義が結び付き、学校教育における教育全体を、本来あるべき人間教育から受験のための点取り技術の取得に変えてしまうからである。それは直近の高等学校教育だけでなく、中学校や小学校での教育まで歪めてしまう。またそれ以上に恐ろしいのは、本来人格形成に最も重要な思春期や青春期を、本当の学問とは関係のない受験勉強でつぶしてしまうことである。中、高生に充分な自由な時間を与え、この時期を楽しく、夢あるものにしないと、大志を持つ人、異才の人、創造性のある人、大局的な見方のできる将来の指導者などは育たないのだ。しかも大学に入学した学生は燃え尽き症候群になり、入学は厳しく、卒業は甘い日本の大学では、勉強もしなくなってしまう学生が多い。私が教えていたUCLAでは、24時間開いている学生図書館があり、実際に多くの学生が徹夜で勉強をしていたのとは大違いである。またUCLAのアンダーソン経営学大学院では、卒業生のトップ10人のうち8人は、会社に勤めるのを嫌って、アップルのジョブズやアマゾンのジェフ・ベゾスを夢見て自ら会社を作る起業を選んだ。就活スタイルで会社回りをする日本の大学生を見るとき、アメリカの学生の心意気を知っている私は、これでは日本は負けるという悲観的な見方に陥ってしまうのだ。そこに見えるのは夢と大志を失った若者の姿であり、民族全体の質と活力の低下である。

ハーバード大学の劣等生優先入学方式

ではハーバードの入学制度とはどういうものなのか。一言で言えばそれは全人評価という人物本位の選抜制度である。ハーバードは、入学試験はしない。全米共通大学入学テストの得点は一応考慮に入れるが、選抜の基準となるのは、あくまで大学が任命した推薦人による推薦である。ハーバードも以前は、入学者のうち、卒業生の子弟が40%、そして各高等学校のトップの卒業生が60%を占めていたが、その結果頭はよいが人間として調和を欠いた学生ばかりになり、大学が期待した「頭脳と肉体の調和」は完全に崩れてしまった。そこで考えたのが「幸福なる底辺」(happy bottom)の学生の選抜である。たとえ高校で成績が1位の学生でも、ハーバードで皆が優等生になれるわけではなく、大多数が失望のうちに卒業することとなる。そこでクラスで最下位になっても落ち込まないが、何かの分野で優れたものを持つ学生を入学させることにしたのだ。これを人は「劣等生優先入学制度」と呼ぶ。この層の学生には、たとえばコンピュータを使わせれば天才的だが他の学科は全くダメな学生、人命救助で勇気を証明した学生、麻薬中毒から立ち直ってまともな生活に戻った学生、小、中、高校を履歴せず独学で全米共通大学入学テストで高得点を取った学生などの個性の強い学生が入る。高校新聞の主筆として学校を批判したり、高校生のときに会社を立ち上げたりする生徒は、ハーバードが最も好む学生である。入学者の内には、貧民街育ちの黒人学生などの恵まれない環境の出身者が毎年必ず一定数入っている。そして大学の豊富な奨学金は、主としてこれらの貧しい学生に与えられるのだ。この制度は、期待以上の成果を発揮した。この層から、ケネディ大統領を含め、アメリカ各界の指導者が続出したのである。要は、成績のよい学生は科学者などの知的職業には向いているが、社会で頭角を現す人物は劣等生の方が多いことを知ったのだ。

日本ではできない人物評価

では日本でハーバードのような人物本位の学生選抜制度が可能だろうか。残念ながら答えは今のところノーである。それは日本には、人を公平に評価する能力を持つ者が少ないからである。私が長いアメリカでの生活で学んだことは、アメリカ人は多くの欠陥を持つ国民であるが、少なくとも勇気、公平、正義の伝統を今なお保っていることである。特に公平さ（fairness）は最も重視される資質で、どのように能力があっても、情実に流され、あるいはえこひいきをし、公平さを欠く決定をすれば文字通りすべての信用を失う。だからこそ、ハーバードの推薦人の判断に異論が出ないのである。それに対してそうしたフェアな人物評価の経験を持たない日本では、職場でも能率主義が根付かず年功序列に流れ、大学入試に当たっても、試験官の人物評価ではなく、テストの成績で決めざるを得ないのだ。

美しい教育

しかしこれからも大学が学力だけによる選抜を続ければ、わが国の学校教育はその学力の高さにもかかわらず受験のための教育にとどまり、個性ある創造的な人材は育たず、日本は経済を含め各分野で他国との競争に敗れていくことになるのだ。日本においても早くハーバードがその教育の目的とするような「正直で、想像力を持っていて、寛大で、規律正しく、心の強い若者」を育てる美しい教育が確立されることを願っている。この点については特に、受験で中、高教育を歪めている大学関係者の反省と自覚を求めたい。

第十七章　美しい高齢者

かつては崇められた老人

人が年をとっても美しくあり続けるのは難しいものである。かつては老人は、長老と呼ばれ、経験豊かな者として崇められ、その豊富な体験から「よき分別は老人に問え」（よい考えが浮かばないときは経験があり思慮深い老人に聞くがよい）あるいは「亀の甲よりは年の功」（年齢とともに積んだ人生経験の尊さをいう）といわれたものである。年老いた人々は、社会の中で誇りを持って生きられた。しかし今日では、老人は高齢者と呼ばれ、ただいたずらに年を重ねてきただけの人になってしまった。

超高齢社会日本

高齢者とは通常65歳を超えた人をいう。日本ではさらに、65歳から74歳までの人を前期高齢者とし、75歳以上の人を後期高齢者と呼んでいる。世界的な基準として、高齢者の数が全人口の7％を超えると高齢化社会と呼ぶが、日本の高齢者人口は21％を超え、世界でも類のない超高齢社会となっており、今後ともこの比率は増えていくと予測されている。したがって日本を美しくするためには、高齢者を美しくする必要があるのだ。

高齢者に冷たい日本社会

日本の高齢者は、社会的弱者として見下され、邪魔者扱いをされている。メディアは老人の徘徊や、振り込め詐欺の被害者になった高齢者、そして高齢者による高速道路の逆走などを、面白おかしく報道し、高齢者福祉や高齢者医療がいかに若い世代に負担をかけているかを強調して世代間の対立をあおり、高齢者を追いつめていく。そしてこのままでは高齢者のほとんどが貧困化し、いわゆる下流老人になる可能性が指摘されているのに、国は孫への教育信託の免税措置などで、高齢者から金をはぎ取ることしか考えない。国の高齢者福祉も不十分で、特に公立の老人介護施設は宝くじに当たるぐらいの確率でしか入所できず、私立の老人ホームは法外な費用がかかり、多くの介護難民が生まれている。そして日本を廃塵から立ち上げ、今日の豊かで世界から称賛される国を作った高齢者たちの功績については誰も語ろうともしない。敬老の日は国の定める祝日となっているが、せいぜい100歳を超えた老人に賞状を出すぐらいのことでお茶を濁している。いずれはすべての人は高齢者になるのであって、高齢者に対するこうした心無い冷たい仕打ちは、自分自身に降りかかることを知るべきであろう。

定年退職という高齢者いじめ

そうした高齢者いじめの最たるものが、今や英米では法律で禁止されている定年退職制度が大手を振ってまかり通っていることである。日本においては、定年とは、社内規定や就業規則等で定めた規定年齢に達した従業員の労働契約が自動的に終了するしくみで、退職者は何の抗弁も許されない。これまでは日本の労働者は、終身雇用によって生涯にわたり雇用が確保され、さらには企業年金などによって老後の生活までも面倒を見るという、文字通り、生涯にわたる保護のしくみに守られてきた。しかし現在では、そうした終身雇用の神話は崩壊し、定年後の安定どころか同一職場における安定すらも困難になっている。特に急激に増えつつある非正規労働者の場合は、正規雇用者の持つような保証から除外され、全く先行きの見えない暮らしを余儀なくされている。

法律で禁止された定年退職制度

定年退職とは残酷な制度である。ただ一定の年齢に達したからといって、それまでの職場への貢献や蓄積した経験・知識は無視され、生きがいであった仕事を奪われ、長年一緒に働いてきた同僚や友人からも切り離される。定年退職とは要は姥捨て山制度なのだ。

このようなしくみに対して人々が疑問を持つのは当然である。アメリカの連邦最高裁判所が、定年退職は差別を禁じた憲法の規定に反するとの判決を出したこともあって、１９６７年にアメリカ連邦議会で、「雇用における年齢差別禁止法」（The Age Discrimination in Employment Act - ADEA）が制定され、定年退職を含む年齢による職場での差別が全面的に禁止された。定年退職が禁止されるのは40歳以上の従業員と従業員20人以上の企業で、企業の役員については定年を認めている。その他の例外は、航空管制官、保安職員、ＦＢＩ職員など特に指定された職種だけである。

定年退職禁止の理由

ＡＤＥＡは、その前文で定年退職を禁じた４つの理由を述べている。

① 高年齢の従業員が仕事を確保することが、また特に仕事を奪われた場合それを取り戻すことが難しいこと。

② 仕事の上での能力に無関係に設定された、理由のない年齢制限を賦する慣行が

広がったこと。
③　特に長期間の失職が、若い年齢層に比べ、技能、士気と従業員の許容度を低下させること。
④　このような雇用における年齢による理由なき差別が、産業と自由な商品の流通をさまたげること。

前文はまた次のようにのべている。

「したがってこの法律の目的は、年齢ではなく能力による年長の人々の雇用を促進し、年齢によるいわれのない差別を禁止し、労働者に対して雇用における年齢的な影響に対応するのを助けることにある。」（筆者による英語からの要訳）

法律はまた、労働組合、職業紹介業者等に対しても年齢による差別を禁止している。
またイギリスにおいても、同じ趣旨の法律を施行し、65歳以下の定年退職を禁止している。

ならば日本の高齢者よ、なぜ定年退職という不条理な制度に抗議し、その能力を保障できる間は働く権利を主張しないのか。もちろん、能力でなく年功によって待遇を決めている日本では、年齢で制限するしか無能な職員の居座りを防げないこともあり、このような定年退職禁止制度の導入は困難が伴うだろう。しかし今の高齢者福祉は、身体面、金銭面だけしか配慮せず、生きがいを与えるという心のケアーを全く欠いていることと、少子化、高齢化によって労働人口の高齢化が進んでいることを考えれば、一億総活躍社会を提唱するなら、定年退職の禁止についても一考すべきであろう。

高齢者講習というじめ

高齢者の人権を軽視した今一つの国の対応が、道路交通法の改正に伴う高齢者への自動車講習の義務化である。この改正によって、70歳から74歳までの高齢者は、運転免許を更新する前に事前に自動車教習所での講習を受けないと免許が更新できないことなった。

　また75歳以上の者は、それに加えて、認知症の審査をする講習予備検査を受けなければならない。私は2度高齢者講習を受けたが、講習で自分の運転能力をチェックできること自体は悪くないと思うが、5850円という、高齢者にとっては法外な手数料と、高齢者にとって駐車スペースも用意しない教習所まで行くことが、体力的、経済的にどれほど大変なのかに配慮しないやり方には不満が残った。高齢者に家族が付き添ってきているケースも多いのだ。特に認知症を事前に把握するための予備検査は、本来なら交通違反のリピーターに精神科の医師の証明書を取ることを義務付けるべきで、高齢者全員にあのようなテストを強いるのは、高齢者の自尊心を傷つけることおびただしい。警察はまた、高齢者に当時のもみじマークを自動車に付けることを義務化しようとしたが、さすがに気が引けたか、義務ではなく努力目標にすることにした。もし義務化していたら、それは高齢者に年齢を公示することを強要するという大変なプライバシーの侵害であり、人権侵害の最たるものになるところだった。警察庁によれば、この事前講習は高齢者の交通事故の急増を防ぐためというが、高齢者の自動車事故の年別推移を見てみると、高齢者の数が急増しているのに、2011年（平成23年）の1033O件から2014年（平成26年）の8918件に減っているのだ。そういう時点でのこのような警察の対応は、人権に敏感なアメリカだったら、とうに訴訟されるか政治問題になっていただろう。関係者のより慎重な対応をお願いしたい。

健康寿命

厚生労働省の発表によれば、2014年（平成26年）の日本人の平均寿命は、女性は86・36歳で3年連続で世界一、男性は80・50歳で、いずれも過去最高の記録であった。昔から「長命ほど大いなる幸せはなし」といわれるが、まことにめでたいことである。問題は寿命が延びても健康寿命はあまり伸びないことだ。健康寿命とは、健康上の問題がなく日常生活が送れる期間のことで、平均寿命と健康寿命の間には、男性で約9年、女性で約13年の差があるとされる。この差が大きいことは、ただ単に自分自身の生活の質と幸せの度合いが下がるだけでなく、家族の経済的、精神的な負担を増し、医療費や介護給付金の給付期間が長くなるなど社会保険費の増加を招き、国の財政にまでマイナスの影響を及ぼすのだ。したがってこの差を縮めることが、これからの日本社会にとって重要な課題になってくる。健やかに老いることは最も大切なことであり、また美しいことでもある。

軽視される老人予防医学

日本の老人医学は世界でも高い水準にあるといわれるが、一般的にいって医療関係者は治療には力を入れるが、その予防については必ずしも熱心ではない。平均寿命と健康寿命の間が乖離するのにも、こんなところに原因があるのかもしれない。これは「高齢者病気予防」とインターネットで検索すると、介護予防とサプリの宣伝がほとんどであることからも伺える。これからは、医療関係者や介護関係者を含め、病気の予防と健康の保持に力を入れ、健康寿命の延長に努めてもらいたい。

どこまで伸びる寿命

それでは人々の寿命を延ばせばそれでよいのだろうか。いやそれは、人類の将来に係る重大な問題を引き起こしかねないのだ。最近における先進医療の発達は目を見張るものがある。他人の内臓や体の一部を移植するのは今では日常茶飯事であり、さらにiPS細胞の発見によって、古くなった自分の臓器を、自分のiPS細胞から培養したクローン臓器と置き換えることも、将来的には可能だといわれている。今では自然の寿命の限界は120歳といわれるが、新たなテクノロジーの導入で、それを200歳まで引き上げることも夢ではなくなってきたと主張する医学者もいる。

超寿命の弊害

もちろん寿命が長くなること自体は悪いことではない。問題は一旦このような寿命の延長が可能となれば、人々はすべての資産を自分の寿命延長に注ぎ込むことになりかねないことである。死にたくないのは人の性であり、もし少しでも長く生きられるなら藁をもつかむ思いでその可能性に縋り付くのだ。最近一人年間3500万円の抗がん剤が保険治療薬として承認されたが、こうしたことが重なれば、その結果、将来の世代に残すべき資産を食いつぶし、人類は発展を止めてしまう。そうした動きは文明を崩壊させるだけでなく、世代の交代を遅らすことで人類の生物としてのさらなる進化をさまたげる。我々は進化の最終の産物ではない。進化によって我々の子孫は、我々の世代よりもっと美しく、もっと賢く、もっと健全にならなければならない。未完成品である我々は、人類の進化を信じて、自らの責任を果たした後は、莞爾として死を受け入れ、次の世代に道を空けるべきなのだ。

自分の歴史を書こう

この死をいかにして受け入れるかが、私が『死の超越―永遠志向社会の構築』を書いた理由である。その中で私は、その解決策の一つとして、人、特に高齢者が、自分の生涯を記録して後世に残すことを提案した。今日ではコンピュータの発達によってほとんど無限の量の情報を記録し、保管できる。もし人々が自分の歴史を書いて残すなり、それをコンピュータに入れ、保管し、整理し、検索可能にするしくみがあるなら、自分の書いた自分の生き様が人類の歴史の一部となる。それは次世代の家族にとっては自分たちのルーツの記録となり、自分が連綿と続く家族の一員であることを知り、死で終わる孤独な存在でないことを悟る。身寄りのいない人の場合も、それはこの時代に生きた庶民の記録であり、民族の歴史の一部となり、社会学者や歴史学者にとって極めて貴重な資料となる。こうして自分の生涯を誇りを持って回顧し、記録し、それを次世代に残すことは、死すら壊すことのできない歴史に自らを置くことである。

私の姉2人が老人ホームに入っていることもあり、いくつかの老人ホームを見ているが、そこに入っている高齢者たちの中には、何もせずただじっと空《くう》を見つめる人が多いのを見て悲しくなった。それは生きる目的を失ったうつろな姿である。それではいけない。人は何かを目的として生きるのであって、それが生きがいと生きる意味を生み出すのだ。これからでも遅くない。高齢者たちよ。自分の歴史を書いて後世に残そうではないか。そうした目的を持ち、それに向けて励む高齢者の姿こそ、最高に美しいのだ。

老驥千里に在り

私の好きな中国のことわざに、「老驥《ろうき》櫪《れき》に伏すとも 志《こころざし》千里に在り」という太平記にも出てくる言葉がある。その意味は駿馬は今は老いて厩《うまや》で伏せているが、なお千里を走ろうという気概を持っていることを指し、翻って英雄豪傑は老いて動きもままならぬ身ではあっても、今なお志を高く持ち、覇気の衰えない様のたとえである。私は傘寿（80歳）を超えたが、今なお活力気力ともに壮者に負けないという自負はある。

しかし老いが、私をねじ伏せるときがいつかは来るだろう。そのとき「駿馬も老いれば駄馬に等し」となるのではなく、老驥としての高いこころざしを持ち続け、最後まで毅然としていたいものである。それこそが美しい老いというものなのだ。

第十八章　内向きの日本

若者の内向き志向

ただ心配なことがある。それは、日本人の間で、国の外で起きていることに関心を持たない傾向が強まっていることである。その典型が若者たちの内向き志向で、海外での就職や赴任、そして留学を望まない者が増えている。ある調査では、新入社員の2人に1人は海外への赴任に躊躇しているとのことである。留学でいえば、日本から海外に留学している学生は２００４年（平成16年）の８２９４３人をピークとして、２０１１年（平成23年）には５７５０１人に減っている。特に問題なのは、この統計に入っている留学生のほとんどが1年以内の留学、というよりは遊学で、大学の学位取得コースに入る学生は2～3％程度しかいないことだ。またＯＥＣＤの世界大学ランキングで、トップ１００校のうち50校を占める教育大国アメリカへの留学生が一時期より半減していることも深刻に考えるべき問題である。私がジョージタウン大学大学院に留学したころは、アジアの留学生といえば日本の学生で、他のアジア諸国からの留学生はほとんどみかけなかった。それが今では、アメリカへの留学生は中国人、インド人、韓国人が大半で、日本人は珍しくなってしまった。

アメリカの大学の勉強の厳しさ

その理由としては、日本では留学しても就職上有利にならないことなどが挙げられるが、私のジョージタウン大学での学生としての、そしてＵＣＬＡでの教員としての経験から見て、今の日本の学生では、アメリカの一流大学の厳しい勉強についてこられない者が多いのではないかというのが正直な見方である。たとえばＵＣＬＡの経営学大学院では、学生は毎週平均４つほどの短論文を書き、参考書を少なくとも３００ページぐらい精読しなければ、問答様式が多いクラスについていけなくなる。このため24時間開いている学生図書館があり、徹夜で勉強している学生も少なくない。同僚の教授は学生に対して、「学位をとるか恋人をとるかの選択をするぐらいの覚悟で勉強せよ」とはっぱをかけていた。果たして日本の大学のやわな勉強に慣れた日本人学生が、このしごきに耐えられるだろうか。

ひよわな日本人学生

UCLAの客員教授になって間もなく、私は、学科長から日本人学生を勧誘してくれないかと頼まれた。経営学大学院には、中国人や韓国人の学生はいるが、日本人はここ3~4年いないというのだ。そこで私もいろいろ当たり、その結果1人だけ某大学の学生が願書を出し、UCLAも特別枠で入学を認めた。しかしその学生は4ヶ月もしないうちに、私に挨拶もせずに帰国してしまった。勉強もさることながら、教授や同級生とのコミュニケーションがうまくいかず、孤立したことが原因のようだ。英語力も重要だが、タイから来た留学生は、最初は英語がすこぶる下手だったが、頑張って2年後に最も取るのが難しいとされるMBA（経営学修士）の学位を取って、アメリカのIT関連会社に就職した。この日本人学生の問題は、学力や英語力ではなく、人間として未成熟なことで、試練に耐える力がなかったのだ。

国際社会と日本をつなぐ留学生

日本では留学生の減少を、国際的な人材が育たないという見地から問題視する向きが多いが、多くの企業がすでに実施しているように、国際的人材なら何も日本人学生でなくても、日本にいる外国人留学生を採用すればよいことである。本当の問題は、日本と他の国々との絆が失われることである。語学研修や遊学と異なり、大学の学位を取るためには単なる知識だけでなく、その国の文化や人々の考え方も理解し、吸収しなければならない。それはその国が第二の故国となるのと同じ意味を持つのだ。お互いがそうした深い関係を持つ留学生を交換することで、相互の理解だけでなく、人脈と親交関係を深められるのだ。たとえばアメリカは日本の唯一の同盟国であり、その頼りとするアメリカとの絆となるのが留学生である。その絆が細くなれば、同盟関係は有名無実になってしまう。1年程度の語学研修に行ったからといって、本当にその国を理解したことにはならない。長期にわたりその国の知識を吸収し、その国の学生と学業の苦しさを共に耐えることで友人になり、親しく現地の人々の生活に溶け込んだ大学学位コースでの留学経験者こそ、相互理解の真の仲介者なのだ。政府は日本への外国人留学生の誘致には熱心だが、日本人学生を留学生として送り出す方策を講じることこそ、はるかに日本の国益になるのだ。考えてもらいたい。明治政府は、乏しい外貨を使って、27000人もの官費留学生を派遣したのだ。そしてその中から、伊藤博文、津田梅子、夏目漱石、高橋是清といった各界の指導者が生まれ、日本を近代化したのだ。国内に留まり居心地のよさに胡坐をかく若者ばかりでは、日本は衰退してしまうだろう。

日本を内向きにした真の責任者

しかし若者の内向きを責めるのは的違いかもしれない。本当の責任は、日本国憲法の下で国際社会と共同の道を歩むことを選んできた我が国のあり方を、自国中心的で内向きな国にしようとしている政治家にあり、また旧態依然とした日本型のマネジメントに安住している企業の経営者や官僚にあるのだ。たとえば若者が留学して、苦労して外国の学位を取っても、企業側は彼らを単なる既卒者扱いし、国内でのうのうと過ごしてきた新卒者を優先的に採用している。海外で見聞を広げ、語学を習得し、国際感覚を磨いた若者こそ貴重な人材であることを認めようとしないのだ。それは日本の経営者のほとんどが、留学経験がなく、年功序列のしくみの中で出世してきたため、能力や実績によって人事を決める能力主義を理解せず、また海外経験者に差別感を抱いているからである。私自身、海外経験が長かったこともあって、いわゆる国際派とのレッテルを張られ、多くの差別を受けてきた。ある局長から「外国にいた奴は頭が柔らかすぎて困る」と面と向かって言われたこともある。これでは国連などでの国際公務員になろうという者はいなくなってしまう。当然のことながら、当時5人いた文部省から出向したユネスコ職員は、今ではゼロである。こうして日本は、国際的な人材を粗末に扱い、そのためグローバル化する世界に対応できず、ずるずると新興国に追い抜かれていくのだ。留学経験者はまた、ともすれば国外の事情に疎くなり精神的な鎖国心理に陥りがちな日本人を、国際社会につなぎ止める大切な人材である。グローバル社会においてただ身をすくめ、目をつぶってその現実を見ようとしない日本の経営者と官僚のあり様は、日本を滅ぼすものである。

第十九章　美しい政治

世界人権宣言

人類が長い時間をかけ、二つの世界大戦と1億人近い死者を出しながら、ようやくたどり着いた最も美しい政治制度が民主主義である。民主主義が何であるかは、世界人権宣言の前文ですべて書き尽くされている。それは次の6点に要約できる。

（第1項）人類社会すべての構成員の固有の尊厳と平等で譲ることのできない権利と商人することは、世界における自由、正義及び平和の基礎である。

（第2項）人権の無視および軽侮が人類の良心を踏みにじる野蛮な行為をもたらし、言論と信仰の自由が受けられ、恐怖及び欠乏のない世界の到来が、一般の人々の最高の願望として宣言された。

（第3項）専制と圧迫に対する最後の手段としての反逆に訴えることがないようにするには、法の支配によって人権を保護することが肝要である。

（第4項）国際連合の諸国民は、国連憲章で、基本的人権、人間の尊厳および価値並びに男女の同権についての信念を再確認し、かつ一層大きな自由のうちで社会的進歩と生活水準の向上を促進することを決意した。

（第5項）加盟国は国際連合と協力して、人権及び基本的自由の普遍的な尊重および遵守を達成することを誓約した。

（第6項）これらの権利及び自由に対する共通の理解は、この誓約を完全にするために最も重要である。

人権軽視の動き

ところがこの世界人権宣言の精神を無視した政治的な動きが、今日本で起きつつあるのだ。それが民主憲法を改悪する動きであり、人民より国家を優先させようとする主張であり、言論の自由を圧迫する動きであり、ヘイトスピーチに代表されるような排他的思想を容認する動きである。そしてそうした蠢動《たいどう》に火を注いでいるのが、『美しい国へ』の中で述べられている安倍総理の政治姿勢である。たとえば安倍総理は、専制君主制を理想とし、社会の平和を維持するため人権は国家または国王にゆだねるべきだとするホッブスの考えがお好きなようである。しかし世界人権宣言は、自由及び人権は人が生まれながらに持つ権利であり、国家はそれを遵守する義務があることを明言している。安倍総理は「日本を列強に伍するため」憲法を改正することを主張し、「戦後レジームからの脱却」を唱え戦後の日本の民主主義への批判を繰り返しているが、どうも彼は、祖父の岸信介の強い影響のもとで、国のあり方について戦前の国家主義時代の考え方が頭にこびりついているのではなかろうか。一国の首相が、理性ではなく、時代錯誤の固定概念に駆られて政治を進めるとしたら、これほど恐ろしいことはない。

人民は国家に優先する

世界人権宣言も、そしてすべての民主国家も、そのホッブスの考えを否定して、国家は人民の権利と自由を保障することと引き換えに権限を信託されたもので、もし国家がその信託に反すれば、人民は国家に反逆する権利があると唱えたロックの理念を掲げているのだ。それが世界人権宣言前文第3項にある、「最後の手段としての反逆（革命）に訴える権利」なのである。ところが自民党の日本国憲法改正草案では、憲法前文の書き出しを現行憲法の「国民は」から「日本国は」に変えている。そして安倍総理もこの自民党案を「あるべき憲法の姿だ」とし支持している。もし日本が個々の人民より国家を優先する国になれば、ロックの理念に基づき個人の人権を国益に優先させる欧米民主主義国とは対極にある国となり、中国や北朝鮮と同類になるのだ。それは終戦前の日本に先祖返りすることであり、日本民族があらゆる困難に耐えながら作り上げた平和と繁栄を無にする蛮行である。そしてそれは、欧米民主主義国との間に、大きな溝を作り出すことである。日本の保守政治家に問いたい。あなた方は、本気で「すべての人民とすべての国が達成すべき共通の基準」として定められた世界人権宣言を否定するつもりなのか。また本来穏健な民主主義の政党であったはずの自由民主党を、戦前の価値を墨守する集団にするつもりなのか。もしそうなら党名に自由や民主を使う資格はないと言わざるを得ない。

そしてあなた方に言いたい。今日本に必要なのは、過去に戻ることでなく、未来を築くことなのだと。

国に対する反逆など恐ろしい

世界人権宣言前文が、人権を侵害されれば国に対して最後の手段として反逆する権利を認めていることは、日本人から見ると、いかにもまがまがしく見える。しかし民主主義は、アメリカ独立戦争やフランス革命など圧政に対して立ち上がった民衆の血の上に築かれたものであることを忘れてはならない。日本の民主主義も400万人以上の日本人の死者を出した太平洋戦争を経て獲得されたものである。しかしいつの時代においても、またどこの社会においても、人権を軽蔑し、権力者の意のままに国を動かそうとする勢力が存在するのは否定しがたい事実である。したがって民衆の側に、最後には国に反逆してでも人権と自由を守る気概がなければ、民主主義は維持できないのだ。

民主主義は自分で守る

最近における安倍総理を中心とした国家主義への傾倒については、私の知る欧米の知日派の人々が憂慮の念で見守っている。安倍総理は、アメリカが彼の政治姿勢を支持しているというが、それを信用してはいけない。米国は現在、中国、北朝鮮、中東などの問題を抱え、この時点で、世界第4位の軍事力を持つ同盟国日本の協力を不可欠としており、最近の民主主義に反する傾向に眉はひそめても、それに苦言を呈する立場にはないだけである。国際法では国内問題不干渉の原理から、国家は自らの意志でその政策を決めるのが原則である。したがって日本の民主主義を守るのは、あくまで日本国民自らの力しかないのだ。国民の奮起を期待したい。

怨念に基づく政治

『美しい国へ』からうかがえる安倍総理の政治理念の根底にあるのは、125～127ページに書かれた、アメリカによって日本が欧米中心の秩序に挑戦できなくするために平和憲法、特に憲法第九条を押し付けられ、「自国を守る手段としての戦争」まで放棄させられ、それによって日本が「独立国としての要件を欠くことになった」ことへの反発であり、また憲法前文で、「安全と日本国民の生存は、諸外国を信用してすべてを委ねよ」という「詫び証文」を入れさせられたことに対する屈辱感である。そこから、独立を回復するためには第九条を改定しなければならないという考えが生まれてくる。また戦争の放棄は幣原総理がマッカーサーに提案したものであって、アメリカが一方的に押し付けたものではないという憲法学の通説を無視していることを見ると、安倍政治は、怨念の政治ではないかとの疑いが強まってくる。彼が敬愛する祖父の岸信介が、東京裁判でA級戦犯とされ投獄されたことも、怨念を強めたのであろう。怨念に基づく政治がいかに危険であるかは、第一次大戦後のヴェルサイユ条約によって、国土の割譲と軍備の縮小、そして天文学的な賠償金の支払いを義務付けられたドイツ人の怨念が、ヒトラーの独裁と第二次世界大戦を生み出したことからも明らかである。美しい政治とは、恩讐を超えて人類の共存と発展という理想を求める政治であって、怨念に基づく政治ほどこの世で醜く危険なものはないのだ。

千万人といえども吾往かん

安倍総理はまた『美しい国へ』の40ページで、「自ら反《かえり》見て縮《なお》くんば千万人といえども吾往かん」という吉田松陰が好んで使ったという孟子の教えを引用して、自らの政治姿勢を正当化している。それは「反省して心にやましいことがなければ、千万の反対があっても恐れずにつき進む」ということである。しかし待ってもらいたい。この言葉は、吉田松陰のように、一介の素浪人が幕府という巨大な権力に対して徒手空拳で立ち向かうとき使ったからこそ意味があり、美しいのであって、権力のトップに立ち、まさにその千万を統治する立場にある一国の首相が使えば、専制独裁の宣言になるのだ。もしある総理が国家主義に固執して民主主義を有名無実のものにしようとするなら、私は及ばずながら「千万人といえども吾ゆかん」の覚悟で、民主主義を守るため戦うだろう。たとえその総理が千万人の支持をバックにして私を権力で抑えようとしてでも、である。これがこの孟子の言葉の正しい使い方なのだ。

チャーチルと安倍総理

安倍総理は『美しい国へ』の41ページで、第二次世界大戦当時のイギリスの首相で、ナチスドイツとの戦いに打ち勝ったチャーチルを例にとり、「確たる信念をもち、たじろがず、批判を覚悟で臨む」という決意を述べているが、チャーチルの揺るがない姿勢は、戦争という特異な状況にあったからこそ意味があるのであって、国民の声を聴きながら妥協点を探り、政治を進めるという民主主義政治とは異質なものである。国会で多数の議席を確保したのだから国民の同意を得ているとして、数をもって少数意見を圧殺するのは決して民主的ではない。だからこそ賢明なる英国の国民は、対独戦に勝利するや否や、１９４５年7月の総選挙で、このイギリスの歴史上最大の英雄で、偉大な戦争指導者を政権の座から引きずり下ろしたのだ。

平和国家の旗印、下ろさないで

私は日本の政治が美しくあり続けてもらいたいという願いを込めて、安倍政治を批判した下記の投書を、朝日新聞の「声」の欄に乗せた。

２０１４年（平成26年）２月〔声〕「平和国家の旗印、おろさないで」

日本が奇跡ともいわれる経済発展を遂げていたころ、欧米諸国で日本バッシングが盛んだと国内では聞かされていた。

しかし当時アメリカとフランスで14年間過ごした私は、現地の人から、ただの一回として批判めいた言葉を聞いたことはなかった。日本の文化の奥深さや日本人の誠実さに対する称賛を聞かされるのが常だった。

そうした好意的な態度の裏には、平和憲法下で戦争を放棄した平和国家日本に対する信頼感と安心感があったのだと思う。もし日本が第二次大戦中の自らの行為について反省せず、今の中国のように軍備を拡大して近隣諸国に対して威圧的な態度をとっていたら、反応はかなり違っていただろう。

だが靖国神社参拝や集団的自衛権の行使容認などをめぐる安倍政権の動きは、中国や韓国だけでなく、私の友人を含めて欧米諸国の親日的な人々の間においても「日本が国家主義に戻り、戦争をする国になるのではないか」という不安を引き起こしている。諸外国の不信感を払拭しなければ、日本は国際的な孤立と経済的な行き詰まりを招き、かつてたどった道を再び歩むことになりかねない。日本の繁栄のためにも平和国家の旗印を下してはならない。

それからちょうど2年がたち、残念ながら、安倍政権は、私が憂慮した国家主義と戦争への道を突き進んでいる。そして戦争を禁じた平和憲法すら改正しようとしているのだ。

岐路に立つ日本

終戦後、国家主義の重苦しさと戦争の辛苦から解放され、これからは平和で、自由な国になるのだという、私たちの世代が味わった高揚感と開放感を知らない世代に問いたい。日本は今、戦後最大の歴史的な岐路に立っている。それは人を国の上に置く民主主義と、国が人を支配する国家主義とのどちらを選択するかであり、人権を尊重するか国（政権と官僚のこと）の利益を優先するかの境目であり、平和な国であり続けるか、戦争をする国になるかの分かれ目である。もし前者を選択すれば、それは世界人権宣言第一項のいう「自由、正義、および平和の基礎」を築くことになり、後者を選べば「すべての人々の固有の尊厳と平等で譲ることのできない権利」を否定することになるのだ。あなた方がそのどちらを選ぶかによって、日本の政治は美しくもなり、醜くもなるのだ。賢明なる日本人が、美しい政治を選択することを信じてやまない。

第二十章　それでも日本は美しくなる

　これで日本がかつては美しい国であったたし、地道な努力を続ければさらに美しい国になれることがおわかりいただけたと思う。確かに現在の日本社会は、そうした人々の努力の障害となるものがたくさんある。時代感覚が一世紀ずれた旧弊な政治家、それに触発された時代錯誤の魑魅魍魎（ちみもうりょう―化け物のたとえ）の闊歩、グローバル化に対応できない無能な企業のトップと官僚、富と収入にしか関心のない人々、安全、安心、居心地のよさの中に安住する覇気のない若者、先行きが読めない不安定な経済、中東を中心に広がるテロの脅威など、我々を取り巻く状況は必ずしも容易なものではない。

それでも日本人はそうした困難を乗り越えていくだけの高い資質を備えた民族であることは、江戸時代に日本を訪れた外国人が口を揃えて証言している。それなら皆さん、皆で協力して困難を乗り越え、美しい日本の自然と都市を再建し、美しい心と礼儀を取り戻し、美しい文化と芸術を育て、美しい憲法と人権を守り、美しい経済を構築し、美しい家庭と教育を育て、美しい高齢者になろうではないか。そして世界中の人々の憧れの的となる美しい国日本を作り出そうではないか。そしてそれを次の世代に引き継いでもらおうではないか。そして一緒に叫ぼうではないか。日本は美しい国だと。

（終わり）

（参考）

死の超越――永遠志向社会の構築　（要約）

（平成28年10月に悠光堂より出版予定）

人を含め総ての生物は、自然によって生きるべく定められており、これが「生存志向」である。また人を含む群生の哺乳類は、仲間内で優位を占めようとして争う。これが「優位志向」である。それに対し、生きるべく運命づけられながら、一方で死が何時かは訪れることを知ってしまった人間は、生存志向と死の必然の相克の狭間で苦悩する。そしてその死を克服したいという願望が、人間だけが持つ「永遠志向」を生み出す。

この永遠志向が生んだのが、死後も魂が生き残り、神仏によってあの世という異次元で永遠の存在を与えられると説く、普遍的宗教の教義である。しかし実証できないことはすべて疑う科学思想の普及などによって、人々は立証不可能な宗教の理念に疑問を持ち始め、それに代わる死後の存在を求めるようになる。それが哲学を生み、民族国家、文化、歴史といった自分に代わり死後も存続する「代替的自己」を生み出す。またその死の必然という宿命からの逃避を求める人々は、自殺や、薬物への依存などによって、死から逃れようとする。そうした行為の中で最も破壊的なのが、死への怒りを同類の人間に転移し、殺し合うことである。これが人類最大の禍である戦争とテロなどの破壊行為の真の原因である。また富や消費がもたらす興奮への逃避は、今日の無秩序な経済発展を招き、人口の急激な増加もあって、地球環境を破壊し、気候の変動を引き起こし、人類を窮地に追い込もうとしている。

この危機的状況を是正するには、資源の無駄遣いと環境破壊を食い止めるための新たな経済の創設が必要となる。それが浪費に代わり節約を目指す節約経済であり、高品質・高価格を軸とし、労働を創造活動に変える創造経済である。そして人々の永遠志向を満たすため、すべての人々の生涯を文化と歴史を通じて記録、保存、回顧する永遠志向社会を生み出すことが必須である。それは現世に来世を作り出すことでもある。

また国家の最大の存在意義は、永遠志向社会を実現するための文化と歴史の保持となり、すべての人々の歴史への参画の権利と、歴史の公平さと正確さを保障するための歴史民主主義が確立される。

ここに歴史を通じて不滅を目指す、死をも恐れぬ人々の誕生により、人類は飛躍的に発展し、未来における太陽系の崩壊をも乗り越える新たな文明を創りだす。かくて人は死を超越し、人類は絶頂期を迎える。

渡辺通弘　略歴

本籍：東京都中央区銀座5丁目4

生年月日：1935年（昭和10年）10月20日

学歴：東京開成中学、同高校卒業

中央大学法学部卒業

米国ジョージタウン大学大学院国際関係論専攻

職歴：

昭和33年	東京都民生局墨田福祉事務所
昭和37年	外務省入省。外務研修所修了
昭和38年	外務省経済局中近東課
昭和39年	文部省日本ユネスコ国内委員会に出向
昭和41年	米国ジョージタウン大学大学院国際関係専攻科留学
昭和42年	パリ・ユネスコ本部国際機関連絡局連絡官補
昭和43年	ニューヨーク・ユネスコ国際連合連絡事務所連絡官（経済社会理事会と信託統治理事会担当）
昭和48年	ユネスコ本部人事局人事官
昭和51年	文部省に復帰。学術国際局国際教育文化課課長補佐
昭和56年	総理府青少年対策本部参事官（文部省視学官兼任）
昭和59年	文化庁文化部芸術課長
昭和62年	文化庁文化部文化普及課長
平成元年	文化庁総務課長
平成2年	文化庁文化部長
平成4年	文化庁長官官房付。ユネスコ事務

	次長に立候補
平成5年	文化庁を休職。カリフォルニア大学ロサンゼルス校（ＵＣＬＡ）アンダーソン経営学大学院アートマネジメント教育センター客員教授
平成8年	昭和音楽大学音楽芸術運営学科（我が国で最初のアートマネジメント専攻学科）学科長兼教授
平成10年	同大学院芸術運営専攻科教授（兼任）、同大学芸術運営研究所長（兼任）
平成11年	宮崎大学教育文化部講師（兼任）
平成17年	昭和音楽大学を退職。現在昭和音楽大学名誉教授。

賞罰：平成17年　瑞宝小綬章受勲

社会貢献：日本アートマネジメント学会顧問、ベルマーク教育助成財団理事、（財）永青文庫理事等

主要著書等：

昭和55年	哲学3部作『永遠志向』、創世記
昭和59年	『ハーバード―生き残る大学』、注釈付翻訳、日本ＹＭＣＡ同盟出版部
平成10年	Cultural Policy in Japan, World Culture Report, UNESCO
平成17年	文部科学省特別補助事業によるオペラマネージメント国際比較研究『英語圏（アメリカ、イギリス、カナダ、オーストラリア）』

	のオペラの現状と課題』、昭和音楽大学オペラ研究所
平成24年	『芸術分野でのファンドレイジングの可能性―日本芸術文化振興基金設立の経緯』、アートマネジメント研究第14号、２０１３、日本アートマネジメント学会
平成25年	文化庁補助事業―日本のアーツ・マネジメント教育の歴史記録Ⅱ、『我が国におけるアートマネジメント教育の意義と背景』、慶應義塾大学アート・センター
平成28年6月	『美しい国日本へ―安倍総理の『美しい国へ』に対比して』、悠光堂
	その他論文、学会誌、雑誌、新聞等への掲載等多数。

出版予定：『死の超越―永遠志向社会の構築』、悠光堂、平成28年10月予定
『芸術産業とアートマネジメント』慶應義塾大学中尾知彦准教授との共著、平成29年初頭予定

家族：妻まゆみと3人の子どもおよび6人の孫

趣味：哲学、19世紀ヨーロッパ絵画と古美術品収集、ヨット、海外旅行

住所：東京都世田谷区船橋5－14－17
電話：03-3304-9379
E-mail：mitchwatanabe@jcom.home.ne.jp

美しい国日本へ

―安倍総理の『美しい国へ』に対比して―

2016年7月1日　　初版第一刷発行

著　者　　　渡辺　通弘
発行人　　　佐藤　裕介
編集人　　　原田　昇二
発行所　　　株式会社 悠光堂
〒104-0045 東京都中央区築地6-4-5
シティスクエア築地1103
電話：03-6264-0523　FAX：03-6264-0524
制　作　　　三坂輝プロダクション
印刷・製本　明和印刷株式会社

ISBN978-4-906873-73-9　C0230